子どもの権利通信 合本

日本弁護士連合会
子どもの権利委員会 編

CD-ROM版
For
Windows & Macintosh

現代人文社

まえがき

　児童憲章が「児童は、人として尊ばれる。児童は、社会の一員として重んぜられる。児童は、よい環境のなかで育てられる」と宣言したのは1951年5月5日であった。来年還暦を迎える。
　子どもの権利条約が我が国で発効したのは1994年であり、すでに16年が経過し、この間子どもをめぐる法令の制定、改正が次々と行われたが、子どもたちをめぐる状況の厳しい現実は、いまもなお続いている。「子どもの貧困」などもその現実の一端である。子どもの権利条約の実施状況については、すでに、国連子どもの権利委員会（CRC）による日本政府の報告書審査が3度にわたって行われ、詳細な最終所見が示されるなど子どもの権利をめぐる社会の状況には大きな変化が見られる。
　子どもは、小さいときから人間として大切に扱われることを通して、かけがえのない存在として、人間としての尊厳と豊かな個性を持つ主体となる。
　この視点に立って、当連合会と各地の弁護士会は、長年にわたって、少年の成長発達権と適正手続の保障を目指して、とりわけその軸となる少年法「改正」の反対、国連基準の紹介、そして付添人活動の拡充に積極的に取り組んできた。少年法「改正」については、これまで多くの意見書を次々と公表し、政府・国会・市民・マスコミに対し、全力で働きかけを行った。また、少年警察活動についても1991年に『少年警察活動と子どもの人権』を発表した。国連基準の紹介については、国連最低基準規則をはじめて国内に紹介し、1988年に『わが国少年司法の現状──国連の最低基準規則に照らして』を刊行した。付添人活動の拡充については、1980年、当連合会は『附添人活動のマニュアル』を弁護士の指針として刊行したが、付添人活動にとって今日まで必須の書となった。実践面では、2001年福岡県弁護士会での当番付添人制度（身柄全件付添人制度）の開始以来、現在全弁護士会でなんらかの形で当番付添人制度が実施されている。
　また、当連合会と各地の弁護士会は、1978年の人権擁護大会（高松）「子どもの人権」で、国内ではじめて成長発達権の提起を行い、1985年の人権擁護大会（秋田）「学校生活と子どもの人権」からは、子どもの人権を救済する活動に積極的に取り組んできた。1987年には『子どもの人権救済の手引』が、子どもの人権の救済に取り組む際の具体的指針を示すマニュアルとして発行されたが、弁護士のみならず市民等広く関係者にも活用され、その後の会内外の実践は多様な成果・教訓となって蓄積された。また1991年には『子どもの権利オンブズマン』を発表したが、国内に初めて世界の子どもオンブズマン活動

の状況を紹介したものとして貴重な業績である。

　さらに、当連合会は、1998年に子どもの福祉をめぐる取り組みとして、児童虐待問題の指針となる『子どもの虐待防止・法的実務マニュアル』を刊行したが、今日まで改訂を次々に重ねており、児童虐待への法的対応に一定の寄与をしている。

　当連合会の子どもの権利委員会は、機関誌として「子どもの権利通信」を、1976年1月から現在まで、34年以上発行し続け、弁護士のほか、研究者・市民などの関係者を対象に配布してきた。

　内容は、同委員会恒例の夏季合宿の報告、第1回から第20回までの全国付添人経験交流集会（最近は約300人が参加）の報告、少年えん罪事件、少年事件、学校関係の事件（学校事故、体罰、校則、退学、「いじめ」など）、施設の人権侵害事件および児童虐待の各ケース報告・研究、子どもの権利条約や国際基準（北京ルールズ、リヤドガイドライン、「自由を奪われた少年の保護のための国連規則」など）の活用などである。

　身体拘束事件は年間約1万5,000件のところ、今や若手の弁護士を中心に、年間約7,000件の少年付添人活動（以前は約1,500件）が活発に展開され、また児童虐待・学校関係事件なども多くの弁護士により、子どもたちに寄り添う活動が多数行われている。

　その時代その時代の、先進的実践ケースは感動的であり、ケースは「子どもの人権の宝庫」である。弁護士は、当事者である子どもや親などの苦しみや辛さなどをパートナーとして真摯に受け止め、子どもたちに寄り添い守り、子どもたちに学びつつ、実践を展開すべきである。裁判、少年審判、家事調停などで子どもの権利条約など国際人権法も、実体法として重視すべきである。

　子どもを「理解する」こと及び子どもとともに「共感する」ことの大切さ、子どもと「共に生きる」ことの大切さを指摘したい。少年逆送事件裁判員裁判においては、少年法の理念をどう貫徹するか、すなわち、少年の成長発達権保障、プライバシー権保障に配慮した審理方法や少年法55条の家裁移送の制度の運用などが大きな課題となっている。

　3,400頁を越える「子どもの権利通信」をまとめた本書が、全国の弁護士・弁護士会における子どもの人権・権利実現に向けた諸活動において大いに活用されるとともに、子どもに関わる多くの関係者や市民などの手に取られ、我が国における子どもの人権・権利に向けて前進する一助となることを心から期待する。

2010年8月

日本弁護士連合会
会長　宇都宮健児

本書とCD-ROMの構成

- 本書には巻頭に CD-ROM を付けています。
- CD-ROM には、子どもの権利通信（少年法通信）1 号から 104 号までの誌面を PDF ファイルで載せています。

◎ CD-ROM の構成

- CD-ROM は、Windows および Macintosh で閲覧できます。
- CD-ROM を閲覧する際には、Acrobat Reader のソフトが必要です。CD-ROM の PDF ファイルをクリックしても何も反応がない場合、パソコンにソフトがインストールされていません。CD-ROM の中にインストール先を付けているので、ダウンロードしてください。
- PDF ファイルを開くときには、下記のパスワードを入力してください。

> パスワード：45135963

- 冒頭の参照したい目次の号数をクリックすると、その号の 1 ページ目を表示します。
- CD-ROM 内の PDF ファイルの編集をすることはできません。

CD-ROMをご使用になる前にお読みください

【取扱い上のご注意】
- 本 CD-ROM はパソコン上で読むことができます。● ディスクは両面とも指紋、汚れ、傷などをつけないように取り扱ってください。またディスクに大きな負荷がかかると、データの読み取りに支障をきたす場合もありますのでご注意ください。● ディスクが汚れたときは、乾いた柔らかい布を使用して、内側から外側へ拭き取ってください。● ディスクにラベルや保護シートを貼ったり、アルコール、ベンジン、シンナー、静電防止剤などの溶剤類を使用しないでください。● 直射日光の当たる場所や、高温・多湿の場所に放置しないでください。● ディスク面に擦り傷をつけないように、使用後は必ず専用の袋に入れて保管してください。

※本 CD-ROM は著作権上の保護を受けております。ディスクに収録されているものの一部でも、権利者に無断で複製・改変・転売・インターネットによる配信・レンタル（有償・無償を問わず）をすることは法律で固く禁じられています。

『子どもの権利通信合本CD-ROM版』目次

- 2 まえがき　日本弁護士連合会会長　宇都宮健児
- 4 本書とCD-ROMの構成

『子どもの権利通信合本CD-ROM版』刊行に寄せて

- 8 須納瀬 学　委員会活動の発展の歴史を写す「子どもの権利通信」
- 9 出口治男　「子どもの権利通信」創刊の頃
- 11 若穂井 透　1990年代の子どもの権利委員会をふり返って
- 12 津田玄児　子どもの権利通信（少年法通信）の35年
- 14 平湯真人　福祉小委員会ができた頃
- 14 中川 明　「子どもの人権」と私と本誌
- 16 山田由紀子　修復的司法と委員会──そして私の10年
- 17 東 隆司　「丸刈り校則」廃止の思い出
- 18 梅澤秀監　「非行と少年法問題研究会」に参加して
- 19 村井敏邦　子どもの権利通信合本化の意義
- 20 守屋克彦　「子どもの権利通信」のCD-ROM化に寄せて
- 21 鮎川 潤　一つだけの望み
- 22 斎藤義房　少年法「改正」と団藤重光先生のこと
- 23 澤登俊雄　ケースワーク理論の再認識
- 25 市川須美子　教育法と少年法の出会い
- 26 野口善國　いつもフレッシュ──付添人は発見の連続
- 28 杉浦ひとみ　窃盗少年は生還できたいじめ被害少年だった事件
- 29 相川 裕　はじめての少年事件
- 30 花島伸行　仙台の付添人活動から
- 31 葛野尋之　付添人はどこまでやれるか？　どこまですべきか？
- 32 大谷辰雄　全件付添人制度の発足と現在
- 33 前野育三　試験観察活用への期待
- 34 齊藤豊治　二足の草鞋？
- 35 荒木伸怡　少年冤罪事件に思う
- 38 武内謙治　綾瀬母子殺し事件
- 39 相原佳子　法務教官の思い出
- 41 寺尾絢彦　若い弁護士の活動に刺激されて──「少年問題研究会」（横浜）をはじめた頃
- 42 内田信也　親だって結構つらいのです
- 43 坪井節子　子どものシェルター
- 44 大谷美紀子　国際的な子の連れ去りに関するハーグ条約と子どもの人権
- 45 児玉洋介　中学校の現場からみた少年事件の時代背景
- 48 中山 伸　児童憲章の今日的意義
- 50 源 証香　子どもの権利条約と保育について
- 53 佐々木光明　傍聴、こころにハジマリをつくる
- 55 吉峯康博　少年少女も読める、「少年えん罪事件」の典型的ケースとコミック・易しい本など

子どもの権利通信（少年法通信）1～104号　目次

- 64 子どもの権利通信（少年法通信）1～104号　目次

- 110 あとがき　日本弁護士連合会子どもの権利委員会委員長　影山秀人

『子どもの権利通信合本CD-ROM版』
刊行に寄せて

委員会活動の発展の歴史を写す
「子どもの権利通信」

須納瀬 学（すのせ・まなぶ／東京弁護士会）

　私が弁護士になったのは1986年だが、2年後の88年から日弁連少年法「改正」対策本部の幹事に加えていただいた。法務省が提起した少年法「改正」問題に対応するために設置された対策本部が、1985年の秋田の人権擁護大会シンポジウム「学校生活と子どもの人権」を契機として、いじめや体罰問題等の学校問題に活動領域を広げていく時期だった。当時の少年法通信は、年に5、6回発行され、弁護士の活動体験記が多数掲載されていた。私自身は、弁護士1年目に担当した山梨交通えん罪事件や都立高校原級留置事件などを少年法通信に報告したように思う。

　その後、1989年に採択された子どもの権利条約の批准を求める運動が、大きな活動の柱となり（1991年宇都宮人権擁護大会シンポジウム「子どもの権利条約と家族・福祉・教育・少年法」を開催）、それは、児童虐待を中心とする福祉や家族の問題への取組みにつながっていった。そして、委員会名も「子どもの権利委員会」に変更された。

　少年法「改正」対策本部・子どもの権利委員会の歴史は、子どもに対する弁護士の関わりが、きわめて限定的だった時代から、「子どもの権利」を軸に幅広く関わるようになった歴史にほかならない。少年法通信・子どもの権利通信は、その歴史を映し出してくれている。

　その中にあって、対策本部・委員会が、一貫して取り組んできたのが、弁護士付添人の拡大である。とくに、当時の法律扶助協会が弁護士会の財源等により運営していた少年保護事件付添扶助制度の全国への拡大であった。子どもの権利通信の編集長でもあった城戸浩正事務局次長が熱心に取り組まれ、その結果、1996年には、全国の扶助協会支部で実施するに至っている。そして、当初は、家裁から依頼された事件についてのみ扶助する制度であったものが、弁護士が持ち込んだ事件についても扶助する制度が採用されていった。これらが、各地での弁護士付添人選任数の増加の基礎をつくったのである。実際、弁護士付添人選任数は、私が弁護士になった1986年には約1,500人であったが、1996年には約2,300人に増加している。その後、2009年には全面的国選付添人制度実現本部が新設され、弁護士付添人選任数も約5,400人にまで増加しており、さらに発展しているのである。

「子どもの権利通信」創刊の頃

出口治男（でぐち・はるお／京都弁護士会）

　私は1970年4月判事補となり、1973年4月から少年事件を担当して非行少年の審判を通し非行少年の権利を考えるようになった。1981年4月に判事を辞して弁護士に転じたが、現在までずっと少年事件との付き合いが続いている。学校事故や子どもの福祉に関する事件も少なからず担当した。そのような実務経験をもとに、私は1982年頃から日弁連少年法「改正」対策本部（以下「対策本部」という）の活動と関係を持ち続けた。

　1985年10月、秋田で開催された日弁連第28回人権擁護大会での「学校生活と子どもの人権に関する宣言」を契機として、各地で「子どもの権利救済窓口」を設置するなど子どもの人権確立のための実践活動がひろがり、こうした状況を踏まえ、1986年3月には、対策本部の設置要綱の目的に、従来の少年法「改正」に対する対策活動とともに、「あわせて少年の人権保障を確立するための諸活動を行う」ことが加わり、1987年1月には、対策本部が力を注いできた『子どもの人権救済の手引』が完成し刊行されるに至った。これは、対策本部の活動の範囲と対象を大きく広げた画期的な成果であり、対策本部は少年法分野をひとつの柱としながら、さらに体罰、学校における懲戒処分、「いじめ」、登校拒否、障がい児の学習権、校則問題、学校事故、教育情報の開示、親による虐待、「性」と子どもの人権、警察補導、養護施設、少年院などの施設と子どもの人権など子どもの人権全般にわたる問題を取り上げたのであった。

　私は、1991年6月12日、日弁連少年法「改正」対策本部本部長に就任した。翌年日弁連会長になられた阿部三郎先生の後を受けてのことであった。東京弁護士会の会長を歴任された方々（安原正之先生など）、さらに阿部先生や藤井英男先生のようにのちに日弁連会長に就任された偉大な先輩方の後を受けて、東京、大阪以外の中規模弁護士会（京都）出身の私のような若輩者（就任当時私は46歳であった）が本部長となったのはまことに異例の出来事であった。

　私が本部長に就任した3日後の6月15日、名古屋で「第1回全国付添人経験交流集会」が開催され、全国から160名の会員が参加した。この集会は阿部本部長時代に企画されたものであるが、私も当時副本部長として関与しており、予想をはるかに超える参加者と、熱気あふれる分散会の充実した内容に接し、付添

人活動の拡充運動を強めることを、集会を企画し推進した人たちと誓い合ったことを記憶している。

第1回の集会で、名古屋の多田元会員に記念講演をしていただいた。「付添人の役割と活動」と題する講演の中で、多田会員は付添人を「少年のパートナー」と位置付け、少年との人間的信頼関係を基礎にした、少年の「主体性」を確保し援助することの重要性を指摘し、捜査段階での弁護人の援助、とくに被疑者扶助制度の拡充、取調べへの立会い、勾留場所を少年鑑別所とすることの原則化等具体的な提言をされた。長年にわたる裁判官としての活動、弁護士転身後の2年間の経験を踏まえた、付添人活動の基本的基礎的理論と実践の方向性を明確にした、きわめて貴重な歴史的意義のある講演であった。

その後全国付添人経験交流集会は連綿と続いて、昨年（2009年）度までで19回に及んでいるが、多田会員が提起した付添人論は、すべての集会を貫く導きの星となっていると私は確信している。

このような対策本部の活動の広がりと実情に鑑み、1992年対策本部の名称を「子どもの権利委員会」と変更した。こうした経緯で、私は最後の対策本部長であり、初代の「子どもの権利委員会」委員長になったが、この名称変更にともない、「少年法通信」は「子どもの権利通信」とされたのである。

その後私は、1998年日弁連の推薦で法制審議会少年法部会委員となり、若穂井透、岩村智文委員、羽倉佐知子幹事とともに少年法改正問題の審議に当たったことが印象深い。この審議のなかで、私たちは孤立した論争を強いられたが、私は、なんとしても弁護士付添人選任権を確保・拡充することと、少年の適正手続上の権利を保障することを目指した。私は自らの経験を紹介しながら非行事実を争う事件はもとより、争いのない事件についても弁護士付添人選任の権利を保障する重要性を力説した。部会の大方の雰囲気は消極的であったが、私たちの主張がようやく部会でコンセンサスを得られ、部会長が総会における報告の際に、弁護士付添人拡充の必要性について触れるという取扱いになり、それを踏まえて弁護士付添人選任権の拡充に関し法曹三者の協議が始められるに至った。

さらに、私は2005年4月、日弁連副会長となり、子どもの権利委員会担当となったが、当番弁護士の特別基金制度の廃止が具体的日程にのぼるなかで、弁護士付添人に対する特別基金制度の新たな創設を目指すことになり、座長としてその議論の取りまとめを行い、日弁連内での弁護士付添人制度拡充のための財政的基礎を築くことができた。

司法改革の協議の中で、付添人問題は絶えず検討の対象外にされようとし、それに対して、私たちはそれを許さず日弁連、政府の課題とすることに努力を傾け、現在に至っている。裁判官時代、守屋克彦さんや多田元さんらと少年事件の審

判運営について勉強を重ねたことを思い起こすが、その後日弁連の対策本部および子どもの権利委員会の活動に参加するなかで、付添人活動やそれを支えるさまざまな制度の構築、運営に関与させていただいた。私は、本年（2010年）3月法曹40年を迎えたが、振り返ると、その大半を少年事件と関わってきたことに改めて気付く。「少年法通信」「子どもの権利通信」は、その私の歩みを振り返る貴重なよすがとなる。子どもの権利委員会、「子どもの権利通信」の、熱くかつ着実な発展を心から願ってやまない。

1990年代の子どもの権利委員会をふり返って

若穂井 透（わかほい・とおる／千葉県弁護士会、日本社会事業大学教授）

　私の手元には「子どもの権利通信」（旧「少年法通信」）第1号以下、現在までのバックナンバーが全部揃っている。久しぶりに頁をめくってみると、みどりちゃん事件最高裁決定（1983年）を契機に、少年法「改正」対策本部に関与するようになった私の名前が通信に登場するのは、31号（1987年）が最初である。その後32号（1987年）に付添人活動マニュアル改訂版作成状況の報告、35号（1988年）に子どもの人権と家裁を語る集いでの発言、43号（1990年）に日弁連全国人権擁護委員長会議での発言、45号（1990年）で事務局長就任の記事が掲載されている。

　これ以降3年間、事務局長として阿部三郎本部長（東弁）、出口治男委員長（京都）を補佐することになるが、まず51号（1991年）に第1回付添人経験交流集会（名古屋）の記事、53号（1992年）に日弁連人権擁護大会（宇都宮）における子どもの権利条約に関する決議の紹介、56号（1992年）に子どもの権利委員会への名称変更の記事、58号（1993年）に第3回全国付添人経験交流集会（福岡）における少年事件委員会派遣制度の提案、65号（1994年）に保護処分取消手続の再検討に関する問題提起などが掲載されている。少年法「改正」対策本部から子どもの権利委員会に脱皮したこの時期に、子どもの権利委員会の骨格が形成されたことを以上の記事は示している。

　改めて思い返すと、とくに付添人活動マニュアルの作成、全国付添人経験交流集会の立ち上げ、委員会派遣制度の問題提起、宇都宮人権擁護大会での決議をめぐる激しい質疑など感慨深いものがあるが、全国付添人経験交流集会が現在までも続き、委員会派遣制度が具体化されていることは、本当にうれしいかぎり

である。委員会活動はこのとき一つのピークを迎えたと思うが、それを支えた吉峯（東弁）、城戸（二弁）、瀬戸（大阪）など、各事務局次長の存在を忘れることはできない。その後私は日弁連推薦の委員として、二度にわたって法制審議会少年法部会の審議に参加し（1998年、2004年）、最高裁、法務省と論戦したことが生涯の思い出になった。

現在は 1998 年から教壇に立つことになった日本社会事業大学の社会福祉学部、研究大学院（修士・博士）、福祉専門職大学院で、教育と研究を続けているが、子どもの権利委員会で培ったことが大きな支えになった。次第に研究テーマは少年事件から、子ども、高齢者等の権利擁護へと拡大しているが、再び弁護士業務に復帰したときには、改めて少年事件に取り組み、「子どもの権利通信」にまた名前を載せてもらえるような貢献をしたいと考えている。

子どもの権利通信（少年法通信）の35年

津田玄児 （つだ・げんじ／東京弁護士会）

　日弁連が、少年法「改正」対策本部を設置し、少年法の「改正」に反対し、その実現を阻止する取組みに、会を挙げて取り組みはじめたのは 1976 年であった。そして 2000 年まで法改正を許さず、2000 年以後のさらなる「改正」にも批判を加え、国際準則に合致した法への立ち返りを求めてきた。この取組みは、弁護士付添人を飛躍的に増大させ、多くの研究者・実務家と連携して少年法制は子どもが非行を糧としてその状況を克服する法であることを明らかにすることと並行して展開されてきた。さらに少年法にかぎらずあらゆる領域で、子どもを支援しその権利を確立し侵害に対して救済を図ることへと取組みは、大きく広がってきている。子どもの権利通信（少年法通信）は、弁護士（会）が、会の内外の多くの人々と提携し、切り開いてきた足取りの忠実な記録である。CD-ROM には 35 年間の弁護士（会）の子どもの権利に関する取組みが集約されている。

　通信は、法制審少年法部会において、最高裁判所が植松部会長試案を受け入れ試案1、2項が強行採決されたことにより、「改正」が目前に迫ったことを受け、日弁連が会を挙げて「改正」に反対するため、本部を設け運動をはじめたときに、「改正」の本質と、本部の取組みを会の内外に知らせる機関紙として発刊された。

　思い起こすと、法務省の「改正」案は、必要付添人など冤罪や不適切な処分を避ける法整備の要求に応えないで、教育・福祉の法を取締りの法へと転換さ

せ、少年から人権の保障とすこやかな成長をともに奪い、二度と立ち直れない事態に陥らせるものであった。日弁連は1972年意見書を公表し、このような「改正」を許してはならない、不足している法制の整備こそが緊急に必要だとしていた。少年法部会においても、「改正」案による「改正」の必要性はない、改正が必要なのは適正手続の整備だと主張し、共感を得ており、「改正」案の審議は行き詰まっていた。ところが、「おおかたの意見が一致し」「さしあたり改正を要する緊急事項」に限って中間報告をしようと部会長自らから提案したのが植松部会長試案である。日弁連の提案を無視し「改正」案の骨格を残し、とうていおおかたの意見が一致するものとはいえず、緊急事項ともいえず、「改正」案に実質的につながり、子どもの権利侵害が懸念されるものであった。

　また、1979年の国際児童年の取組みがある。国際児童年は子どもの権利宣言10周年にあたり、子どもの権利の情況と取組みを明らかにする作業の展開の呼びかけに応えた全世界的取組みで、日弁連はその前年の1978年11月高松で行われた第21回人権擁護大会のシンポジウムテーマに「子どもの人権」を取り上げ、弁護士の扱ってきた事件をとおした実証的な検討を行い、初めて成長発達権を提起し、「少年法『改正』など、現状を糊塗し、子どもの人権の侵害をすすめる施策をただちに中止し、児童憲章の実現をはかるため、具体的な立法、行政上のてだてをつくすことを要求する」とする大会宣言を行った。そして1978年は1年かけて東京において、子ども自身や子どもに関わる関係者との懇談を繰り広げ、12月に集会を開いて締めくくった。以後19889年11月国連で子どもの権利条約が採択され、その批准と実施へと取組みは進んでいる。その原点には、それぞれの弁護士が取り組んできた、子どもの権利侵害との戦いがあった。

　そして、日弁連は権利条約批准後も、その宣伝と実施に心がけ、他の国内NGOと足並みをそろえて、CRCに弁護士（会）の取り扱っている検討素材を提供するなどして、CRCの審査と懸念・勧告の表明に貢献してきている。たとえば、少年法などの「改正」については、CRCは2004年2月と2010年6月最終所見で、くりかえし2000年「改正」が、「条約の原則及び規定、ならびに少年司法に関する国際準則の精神にのっとっていない」とし、逆送年齢をもとの16歳以上に引き上げること、少年についての裁判員裁判を見なおすこと、すべての子どもに弁護士などの法的援助の提供が確保されること、などを含む具体的な改正を求めている。日弁連の提供した素材が、大きく貢献しているのである。

　このCD-ROMは、過去35年の取組みがどのような足取りをたどったかを振り返るのに便利であり、今求められている新たな視点と戦略の構築に役立つものである。

福祉小委員会ができた頃

平湯真人（ひらゆ・まさと／東京弁護士会）

　私は、1991年春に23年間勤めた裁判所を退職して、東京弁護士会に登録した。43期のみなさんと同期である。子どものころ、経済的に苦労をした時期もあり、裁判所時代から離婚問題、母子家庭、児童養護施設、家庭内虐待など児童福祉の問題に関心があり、裁判所内で回覧される「自由と正義」を読んで、弁護士会のこれらへの取組みを知って敬服していたので、弁護士になったら一緒に活動したいと思っていた。

　東京弁護士会に福祉部会ができて施設問題の勉強を始め、次いで家庭内虐待のケースに取り組むようになった。大阪、横浜、愛知などの委員会にも同じ機運が生れ、1995年秋に日弁連の委員会内に福祉チームができて、木下淳博さんが初代座長を務め、翌年には福祉小委員会になった。それからの活動は家庭内虐待への取組みが主軸となった（福祉のうち障害児のことが脱けているが、これは児玉勇二さんたちの障害児弁護団があるので、おまかせという気分も私にはあった）。1996年1月には新装なった弁護士会館クレオで多職種の人々も大勢集まってシンポジウムが開催された。

　このころからいくつか「子どもの権利通信」に書かせていただいた。買春禁止立法も含めて福祉問題が主であった。1998年ころから少年法の厳罰化改正の動きが急になり、家庭内虐待とも密接に関連している、という視点で署名運動の事務局を務め、権利通信で報告させていただいたこともある。

　今にして思えば（という言い方をするのは気恥ずかしいが）、東弁でも日弁連でも、子ども委員会の活動課題は多分野にわたっているにもかかわらず、ほとんど福祉一本というわがままを貫かせていただいた。全体委員会と年2回の大集会、それに「権利通信」の各号を拝見して、全体の勉強をさせていただいている。「権利通信」の編集に携わられてきたみなさまに、感謝を申し上げたい。

「子どもの人権」と私と本誌

中川明（なかがわ・あきら／第二東京弁護士会）

　弁護士になることも、弁護士として子どもの問題にかかわることも、私にとって

はまったく想定していないことであった。それだけに、思いがけずその道を歩き出してから、道標となるものを求めて手に取ることになった本誌の存在は、なまなかの言葉をもってしては言い表しがたいほど大きかった。

私の子どもとのかかわりは、1970年代はじめ、学校教育の分野で始まった。子どもが人間として生きる基盤を培うはずの学校では、集団の中に子どものかけがえのない「個」が押しつぶされる事態が日常化し、急速に広がっていた。内申書や体罰（教師の暴力、暴言）等によって自らの存在を否定された子どもたちとの思いもかけぬ出会いから、私は弁護士として70年代の後半の多くの時間を、それらの子どもたちとともに刻むことになった。

私の眼前に立ち訴え続ける子どもたちの声に耳を傾けながらも、私は学校の中で居場所を奪われ、その身を学校の外に置くことを余儀なくされた子どもたちのことやそれらが問いかける問題群も同時に気になりだした。しかし、当時の数少ない付添人としての体験だけでは、その実態や問題点に迫ることは困難であった。76年に創刊された「少年法通信」（旧誌名）に、私が接したのは少し間をおいてからであるが、「子どもの権利通信」と誌名を変えた後もそこから得ることができた喫緊の情報は、私にとって、高度成長がもたらすゆがみの中で生きることを余儀なくされた子どもたちを取り巻く問題を理解し位置づけるのに大いに役立った。

日本で「子どもの人権」という言葉が、社会において市民権を得るようになったのは、1980年代に入ってからである。社会の現実に後押しされて、法律学の世界でも「子どもの人権」が法概念として承認され、80年代半ば過ぎからは通有性を持つものとなった。この言葉は、その後子どもたちの受難に立ち向かうキーワードのように用いられており、その存在を前提として語られ議論されることが多くなったことは確かである。

1987年春、日弁連は『子どもの人権救済の手引き』を発刊することになり、私は冒頭の総論「子どもの権利に関する基本的な考え方」を執筆することになった。そこで、私は、次のように書き出すことにした。

　「最近の子どもをめぐる状況をみて、心を痛めないおとなはいないだろう。『子どもを大事に』とおとなは口をそろえていうが、子どもを取り巻く厳しい状況は、いっこうに改善されないばかりか、ますます悪くなってきている。『子どもの受難』は深まるばかりである」。

そのうえで、受難に立ち向かう手がかりを求めて、私はジャン・シャザルの名著『子どもの権利』の次の一節を引いた。

　「法廷での弁論においても、行政訴訟においても、子どもは主体であって客体ではないと宣言することは、子どもの個人としての資格にもとづく諸権利を確認することであり、子どもを尊重し、保護しようということであり、同時に

子どもの生活の持つ重みをそこなうまい、子どもを空虚な観念に還元してしまうまいということなのである」。

同書は、1995年に『子どもの権利マニュアル』として、2006年には『子どもの権利ガイドブック』としてアップ・トゥ・デイトされ拡充されているが、私がそれらにおいても引き続き総論部分を収録することにしたのは、本誌から学んだことを共有財産としていきたいと思ったからである。

修復的司法と委員会──そして私の10年

山田由紀子（やまだ・ゆきこ／千葉県弁護士会）

このコラムを書くにあたって、すっかりセピア色になった「子どもの権利通信」を久しぶりに取り出し、目次を眺めてみた。中でも思い出深いのが、84号から88号に出てくる「修復的司法」「少年事件協議」のことである。

私は、1997年に起きた神戸連続児童殺傷事件を契機に犯罪被害者保護と厳罰化の波が押し寄せた日本の少年司法に接し、厳罰化先進国のアメリカに行ってみようと思い立ち、98年から1年間、日弁連の留学制度を利用させていただきニューヨーク大学に留学した（84号）。そこで修復的司法と出会い、帰国後、委員会に被害者の権利保障と非行少年の更生の調和的解決策である「家族集団会議」の検討を提案した（85号）。

委員会は熱心な討議の末、日弁連が2000年3月にこれを「少年事件協議」という名称で提言するまでに結実させた（86号）。その前後には、夏季合宿や全国付添人経験交流集会でビデオ上映やロールプレイをしたり、アメリカから修復的司法の権威であり実践家でもあるアンブライト教授を招請してシンポジウムを開いたりした（87号）。

他方で私は、地元千葉で弁護士・調停委員・元調査官らの協力を得て「被害者加害者対話の会運営センター」というNPOを立ち上げた。単なる構想としてではなく、実践として「少年事件協議」を試行し、それが本当に被害者にも少年にもプラスになるのか、日本にこれが根付くのかを確かめたかったのである。「対話の会」の活動は今10年目を迎え、59件の申込みを受け、進行役となる市民ボランティアも成長した。謝罪も弁償も受けられず苦悩していた被害者、謝罪の気持ちはあっても被害者の非難が怖くてできなかった少年、その対話が実現したときの双方のさわやかな笑顔、さまざまな出会いを重ねながらその調整に貢献で

きる喜びを実感している。

　被害者と加害者の対話は、古くから岡山県弁護士会の仲裁センターで行われてきたが、2009年兵庫県弁護士会に「犯罪被害者加害者対話センター」が開設され、仙台弁護士会でも準備中である。これからも、日本の各地で草の根からこの対話の芽が吹き出し花を咲かせることを願いつつ、千葉での活動を広めていきたい。

「丸刈り校則」廃止の思い出

東 隆司（ひがし・たかし／岡山弁護士会）

　私は、1991年3月、岡山弁護士会に弁護士登録し、人権擁護委員会の子ども部会の委員となった。95年4月、子ども部会は子どもの権利委員会となって独立したが、以来、15年間、子どもの権利委員会委員として子どもの権利問題に関わっている。

　子ども部会の委員となって間がない92年3月、岡山県西北部の公立中学校の生徒とその両親から、岡山弁護士会に対し、入学を予定している公立中学校の「丸刈り校則」が子どもの人権を侵害しているとして人権救済の申立てがあった。私は担当者の一人となり、約1年間、調査に携わった。

　人権擁護委員会子ども部会の調査の結果を踏まえ、岡山弁護士会は、93年2月、当該中学校と所管する市の教育委員会に対し、「丸刈り校則」は生徒の頭髪を保有する権利と髪型の自由に対する侵害であり、人権上問題があるので早期に廃止するように勧告した。

　同時に、岡山弁護士会は、当該中学校だけでなく、県内の公立中学校から「丸刈り校則」を一掃するべく、人権救済の調査の一環として、92年5月から、県内の全中学校173校に対し、「丸刈り校則」の有無や廃止の意思の有無について3度のアンケート調査を行った。その結果、92年5月のアンケート調査に対し、回答のあった136校中、「丸刈り校則」ありの中学校は57校（41.9%）、93年は回答のあった134校中39校（29.1%）、94年は全中学校中21校（12.1%）と次第に減少した。

　そこで、岡山弁護士会では残った21校に対し、個別に早期廃止を求める駄目押しの要望書を送り、県教育委員会に対しても各中学校への指導を要請した。その結果、95年12月、県東北部の中学校を最後に岡山県内の全中学校の「丸

刈り校則」が廃止された。中国5県では「丸刈り校則」の廃止は岡山県が最初であったとのことである。

弁護士登録して間のない当時の私には子どもの権利についての理解も浅く、また、全国各地で中学校の「丸刈り校則」の問題にどのような取組みがなされているのかについての知識もなかったが、「子どもの権利通信」を通じて全国各地の単位会の取組み状況を知ることができたことは、大きな励みとなった。

「非行と少年法問題研究会」に参加して

梅澤秀監（うめざわ・ひであき／都立雪谷高校定時制主任教諭）

私は、1987年10月から、「非行と少年法問題研究会」という日弁連が主催する研究会に参加するようになった。教職について8年目のときである。参加してまもなく、「修徳高校パーマ退学事件」の報告を聞いた。教職にある身として、なんとも悲しい事件であると思った。この裁判は最高裁まで争われ、1996年7月18日に生徒側敗訴の判決が下った。「少年法通信」（その後「子どもの権利通信」に改題、以下同）36号（1988年8月20日発行）に提訴までの詳細が掲載されている。その後「中野富士見中学事件」（1986年2月1日、生徒がいじめを苦に自殺した事件で「葬式ごっこ」がキーワード）、「四谷一中事件」（1988年3月22日、外国籍の中学生が担任の先生を刺殺した事件）などの詳細もこの研究会で知った。研究会の活動の様子は、「少年法通信」に掲載されている。

平日の夜、月に1回程度の頻度で開催された「非行と少年法問題研究会」は、生徒指導を担当する私にとって、きわめて重要な情報と、問題行動に走る生徒の対応について学ばせていただく機会となった。また、研究会の記録を取る役割が充てられたこともあって、何度か「少年法通信」に文章を載せていただいた。

研究会の終了後、日比谷駅近くでビールを飲みながら、議論が続いたことを思い出す。研究会の参加者は、弁護士や研究者が多く、私のような高校の教員はごくわずかだった。しかし、現場の実務家ということで仲間に入れていただき、貴重な勉強をさせていただいた。残念ながら、この研究会は1996年3月頃を最後に、活動は自然消滅してしまった。しかし、私が参加させていただいた約10年間の研究会活動は充実していたし、その活動記録は「少年法通信」に再現されている。記録を読み返せば、当時の研究会活動をはじめとして、さまざまな子どもをめぐる事件や問題、あるいは健全育成にかかわる活動等がどのように展開されていたか

知ることができる。

このたび、「少年法通信」第1〜104号の誌面をデータ化して発行すると聞き、資料として多くの方々に活用していただけるものと期待している。

子どもの権利通信合本化の意義

村井敏邦（むらい・としくに／一橋大学名誉教授、龍谷大学名誉教授）

手元に少年法通信11号と12号がある。1980年の5月28日号と同年11月5日号である。この2号とともに、刑事法学者と日弁連理事、少年法「改正」対策本部員との懇談会の案内状が残っているところをみると、この2号が懇談会の資料として送付されてきたものと思われる。私自身の研究歴からすると、この年の春から夏にかけて少年非行研究をテーマにアメリカ留学をしており、少年問題への関心を最も高めていた時期と言えるかもしれない。

少年法通信11月号には、「日弁連30年出版中少年法『改正』問題についての執筆原稿　少年法『改正』」が資料として付されており、少年法「改正」作業と日弁連の対応の経緯が把握できるようになっている。

それから、30年。「少年法通信」から「子どもの権利通信」にタイトルが変わったが、少年法をめぐる動きをいち早く知るのは、常にこの通信を通じてであった。貴重な資料としてできるだけ保存するようにしていたが、研究室移動などの関係で紛失したものが多い。それだけに合本化されてすべての号を手元に置くことができ、大変ありがたいことだ。これからも、大いに活用させてもらうつもりである。

付添人活動に対する認識も最近では変わってきたようである。少年事件を引き受けるのは、よほど少年法に熟達している少年事件専門家でなければいけないというのが、ごく近年までの状況であった。それが、付添人マニュアルの普及と全国付添人経験交流集会などを積み上げることによって、多くの弁護士が少年事件に携わることができるようになった。このような付添人活動状況の変化のうえに、国選付添人制度の充実強化への取組みが行われた。これも、「子どもの権利通信」の発行が生み出した大きな成果であると評価できるだろう。

さらに、現在では、国選付添人制度の全面化に向けて市民への呼びかけが協力に展開される必要のある時期に達している。「子どもの権利通信」が弁護士会内の通信誌にとどまるのではなく、市民への発信の場として新たな展開をすることが期待されている。合本化はそのためのよい契機になるであろう。

「子どもの権利通信」のCD-ROM化に寄せて

守屋克彦（もりや・かつひこ／元裁判官、仙台弁護士会）

　今回、「子どもの権利通信」のCD-ROM収録に関するコメントを依頼されたため、私の報告が掲載されている57号をみたところ、それまでの「少年法通信」から、「子どもの権利通信」に改題した最初の号であることを知った。また、当時の子どもの権利委員会の委員長が、少年事件に熱心な裁判官の一人であった出口治男弁護士ということも改めて想い出した。

　日本弁護士連合会の少年問題に対する取組みは、おおよそ、ここ30年ほどの間に積み上げられたもので、歴史的にそう古いものではない。私が、仙台高等裁判所にいた当時、仙台弁護士会で行った「少年審判における付添人の役割と機能」と題する講演の記録が自由と正義29巻9号（1978年）に残っているが、そのころは、まだ弁護士業務の中で付添人活動が占める役割は少なく、その活動の重要性も充分認識されている状態ではなかった。そのような状況の中から、当時の少年法改正問題に対応していた日弁連少年法「改正」対策本部の中心におられた弁護士の方々の少年法に寄せる思いと、1973年ころから全国的に広まっていったいわゆる扶助的付添人制度による付添人としての実践経験の積み重ねとが、付添人活動の質と量を飛躍的に押し広める燎原の火の種となったという印象を持つ。付添人としての実践経験は、当然のことながら、少年法の改正という制度的な問題だけでなく、ひろく、捜査機関、学校などの教育機関との関わり方や少年審判手続での少年の権利の保障を実現するための付添人活動のあり方など、少年たちの健全な育成を実現するために乗り越えなければならないさまざまな課題を明らかにし、それに取り組む必要性を認識させ、運動の拡がりの基盤を作っていくことになったからである。

　そのような活動の基本的な路線を形作るうえで、三井明、森田宗一、多田元、出口治男、生田暉雄、大谷辰雄など裁判官出身の弁護士会員が活動の中心的なところで重要な役割を果たしてきたように思えることも、他の委員会にない特色であるように、私は思う。

　少年事件に熱心な裁判官の有志が、1978年ころから、少年の健全な育成と適正手続の履践という観点にたって、少年審判のあり方を自主的に研究することに努めてきた経過は、すでにCD化されている（『自立する葦（全国裁判官懇話

会全報告 CD-ROM 付）』判例時報社、2005 年）。上記の会員の多くは、この少年分科会の活動にも重要な寄与をなされた方々である。

　今回の「子どもの権利通信」の CD-ROM 化は、このような裁判官側の資料と合わせ読むことにより、約 30 年間にわたって少年法と少年審判を取り巻いてきた数多くの課題とそれに対する法律家の取組みを明らかにし、今後の少年法の理論の発展と実践の向上に対するかけがえのない資料となることであろう。落ち着いて、じっくり読んで、考えてみることにしたい。

一つだけの望み

　　　　　　　　　　　　　　鮎川 潤（あゆかわ・じゅん／関西学院大学）

　子どもの権利委員会の礎が発足した当時、ほんの一握りの熱意のある弁護士によってまったくの手弁当で行われていた付添人活動に、法律扶助が付き、公的付添人の制度も設けられ、非常に多くの弁護士によって付添人活動が担われるようになった。全国付添人経験交流集会に参加させてもらうと、実践に裏づけられた深く熱意のある議論に感銘を受ける。長年にわたる貢献に心からの敬意を表したい。

　子どもの権利委員会が、先駆的に世界の場で活動してきたことも賞賛に値する。2010 年の子どもの権利条約に関する審査には行けなかったが、2008 年の「市民的及び政治的権利に関する国際規約」に関する日本政府報告書の審査の際は、英国のケンブリッジ大学に留学中でヨーロッパにいたため傍聴することができた。ジュネーブの会場で吉峯康博弁護士らの姿を拝見して非常に心強く思った。

　ただ一つだけ切望することがあるとすれば、もし権利のクレイムと現場の熱意のある取組みとの間に齟齬をきたしうるようなことが潜在的に存在するならば、その解決への途を提示していただけたらたいへんありがたいということである。

　個人的な経験で恐縮だが、約 30 年前、大学教員になりたてのころ、ゼミの不登校の学生をアパートに迎えに行って、講義に出るように働きかけ、なんとか卒業までこぎつけたことがある。しかし、現在、学生を積極的に援助することへのためらいが生じる。学生から、何らかの自分の権利が侵害されたとして告訴されるかもしれないという思いが先行し、義務として課せられている以上のことはしないほうがいいと萎縮する傾向がある。

　先年、スウェーデンで薬物乱用少年のための施設を運営した後、現在大学の教員になっている人を招いて、日本の少年院と児童自立支援施設を参観した。参

観を終えて二人で話し合ったとき、人権の観点からさぞや批判が出るだろうという予測に反して、彼はこれらの施設で職員が一生懸命に子どもたちに働きかけていることに感動していた。スウェーデンでは、施設の公務員は定められたプログラムを提供するだけで、情熱と意欲が失われてしまっているとのことであった。他山の石となる点もあるように思われる。

　短い紙幅で、将来のことを語ろうとしたため、言葉足らずとなってしまったことをご容赦いただきたい。子どもの権利に対する取組みは終わることのない旅のように思う。私も家裁の調停委員をするようになり、面会交流などに関して子どもの人権の観点からも日本の現行法制度は大きな問題を持っていると思い、一日も早く論考をまとめたいと願っているが、なかなか時間が得られない。子どもの権利委員会が、今後とも子どもの権利に関してその中心的な役割を果たしていくことを祈念したい。

少年法「改正」と団藤重光先生のこと

斎藤義房（さいとう・よしふさ／東京弁護士会）

　2000年、2007年、2008年と、少年法が「改正」された。なかでも、2000年「改正」は、現行少年法制定以来50年ぶりの大「改正」であった。

　日弁連は、1998年7月に「少年司法改革に関する意見書」を発表し、少年事件捜査の改革、少年審判の事実認定の適正化と国選付添人制度の導入を提言していた。

　1999年3月に政府が国会に提出した少年法「改正」法案は、日弁連の改革提言とまったく異なり、今まで以上にえん罪を増やす危険性があった。日弁連は、全力で反対運動を展開した。各団体の運動の力もあり、政府案は、2000年6月の衆議院解散で廃案となった。

　ところが、1997年の神戸児童殺傷事件を契機に展開されていた「少年法が甘いから凶悪事件が増える」などという誤った論調が、2000年5月の豊川市主婦刺殺事件や佐賀バスジャック事件などの「集中豪雨的報道」により、全国で一気に強まった。そのなかで、当時の与党三党は、同年9月、少年に対する「刑罰化」「厳罰化」を内容に取り込んだ「改正」法案をまとめて国会に提出し、わずか3カ月の審議で、同年11月に少年法「改正」法を成立させた。

　日弁連は、「警察庁が発表している少年犯罪の『低年齢化』『凶悪化』は誤りである」「刑罰や排除では、少年非行を防止できない」と訴えたが、「厳罰化」

の流れをくい止めることはできなかった。

2007年、2008年の「改正」は、被害者の権利保障の視点を進めたものであるが、これも方向を誤ると、少年法の理念を後退させる潮流に棹さすものと言える。

上記2000年「改正」に反対する日弁連の取組みの詳細と総括は、「子どもの権利通信」87号に掲載した。

「子どもの権利通信」に書いた私の文章で一番記憶に残っているのは、83号に掲載した「団藤重光先生の講演会開催と講演録編集を担当して」である。

1999年2月16日に弁護士会館クレオで開催した少年法「改正」問題講演会は600名を超える聴衆が参加し、熱気にあふれた。当時86歳の団藤先生は「今回の『改正』を強行すれば世紀の恥辱である」と喝破された。

直ちに同講演録を自由と正義3月号に掲載することにし、私は、2月18日の夜に講演の速記反訳文とフロッピーを先生のご自宅にお届けした。「編集委員会からの注文で、原稿の締切りが23日になりました。短時間で申し訳ありません」という無理な要請にもかかわらず、先生は承諾してくださった。

ところが、反訳文を届けた翌日の19日未明に、先生の奥様のお母様（満100歳）が急逝された。そのため先生は、翌20日に葬儀の一切を取り仕切った。さらに、同月23日は皇太子の誕生日で、東宮参与の先生は宮中での食事会に出席した。これだけの事情が重なれば、23日の原稿締切りを延ばしてほしいと言われるのが普通である。

しかし先生は、宮中から帰宅した後も作業を続け、大幅手直しした原稿を約束どおり23日夜に手渡してくださった。そのときに先生が語った言葉を綴った上記83号掲載の文章を読むと、先生の誠実な人柄と少年法への熱い思いに心底から感動したことが、まざまざと蘇ってくる。

このときの原体験が、2000年、そしてその後の少年法「改正」反対運動に取り組んだ私の活力源の一つになっている。

ケースワーク理論の再認識

澤登俊雄（さわのぼり・としお／國學院大學名誉教授）

1970年代の少年法改正論議は、1977年法制審議会「中間答申」により終息し、以後運用上の改善が進行することになった。この段階での議論の主題は、「司

法的機能とケースワーク的機能との関係」をどのように調整するかということであった（この点につき、日本弁護士連合会「少年法『改正』に関する意見」〔1984年〕および「わが国少年司法の現状——国連の最低基準規則に照らして」〔1988年〕参照）。換言すれば、少年に対するパターナリズムに基づく積極的な働きかけと、少年の人権（主として自由権）に配慮した適正な手続の確立とを「処遇」のうえで矛盾なく両立させる具体的な運用のあり方を問い続けることであった。この課題は、2000年代の3次に及ぶ少年法一部改正によって解決されたわけではなく、かえってより深い検討を必要とする結果をもたらしたと思われる。すなわち、2000年改正法による少年審判手続への検察官関与、被害者からの意見聴取制度、2008年改正法による被害者等の審判傍聴制度などにより、少年審判手続の刑事裁判化が進みケースワーク的機能が後退すること（パターナリズムに基づく少年への働きかけの消極化）が懸念されている。このようなときこそ、少年法を取り巻く状況の変化を正確に認識し、展望的な視野に立って、現行少年法の基本理念を再確認しながら、新しい時代の要請にも十分応えうる実務および理論の形成に向けて協働関係をより強化していくことが大切である（澤登俊雄・高内寿夫編著『少年法の理念』〔現代人文社、2010年〕380～381頁より引用）。

　2000年代の改正論議の中では、ケースワークの理論という言葉はほとんど聞かれない。ちなみに、実務界・学界をあげて白熱した改正論議を展開していた1970年代の刑法雑誌（19巻3・4合併号〔1973年〕特集「少年法における司法と福祉」）に、所一彦氏（当時、立教大学教授）の大胆かつ秀逸な提案が掲載されている。その要旨は、(1)少年事件におけるケースワークの積極的・第一次的担い手は裁判所（官）ではなく、調査官であり、裁判官は、調査官によるケースワークの消極的・第二次的な監視者に止まるべきこと、(2)保護処分は、「少年に対する保護処分」ではなく、「国に対する少年からの保護請求」であり、調査官はこの保護請求の代理人であること、(3)調査官と裁判官は、相互に独立の専門職であること、(4)調査官は保護請求に至るまでに少年の納得を得、合意を成立させているのが原則であるが、仮に合意が得られなくても、保護請求が少年自身の「福祉」のためのものであり、「少年からの保護請求」に代わりうるものだといういう場合もありうること、もちろんそのような判断が肯定される前提にデュープロセスの存在が認められること、デュープロセスの第一要件は、その手続過程に「ケースワークの諸原則」が十分参照されていること、の4点からなる（前掲・刑法雑誌202～203頁）。

　少年審判における司法的機能とケースワーク的機能との関係についての歴史的文献は、守屋克彦『少年の非行と教育』（勁草書房、1977年）であり、多くの研究者・実務家に数多くの示唆を与えてきた。それにもかかわらず、21世紀の

改正論議では、ケースワークという言葉はほとんど使われない。しかし、2003年2月発行の法務省矯正研修所編『研修教材・少年院法・全訂版』第6章第2節「処遇の原理と基本方針」(36〜40頁)の中に、ケースワークの諸原則が鮮明に示されている。ケースワークの基本理念は、少年に対する働きかけが、少年の成長発達権を保障する目的で行われ、少年の個性を損なうことなく、自由を不当に侵害することのない方法で行われることである。このことを憲法上の表現を用いて説明するとすれば、個の尊厳の尊重(13条)を基盤にして少年の自由権と社会権との保障を最大限に実現することが求められていると言うべきであろう。「子どもの権利条約」は、各条項の中で(とくに3条1項)、子どもにとっての「最善の利益」を考慮した取り扱い・働きかけが、あらゆる公私の機関・組織で行われるように求めている。

これまで述べてきたことを徴表する一文を、前記の研修教材から引用して稿を終える。

「社会における試練、危機を乗り越えて生き抜いていけるだけの強い自我の形成がなければ、在院者の社会への更生復帰は望むべくもない。在院者の一人一人は、本質的に独自な自由な存在であり、自己実現に向けて不断に自己を克服し、自らの人生を自らの意思と責任をもつて生き抜いていこうとする人間であることを深く理解し、そうした人間としてどこまでも尊重していくことが少年院における処遇の原理であり、この認識に立つことによって初めて在院者の人権保障の原理と社会復帰の原理との調和が図られる」。

教育法と少年法の出会い

市川須美子 (いちかわ・すみこ／獨協大学教授)

1987年のある都立高校の原級留置の裁判が、少年法「改正」対策本部の先生方との出会いだった。「非行少年の問題をやっている弁護士の方々が教育裁判?」と危ぶみつつも、目の前で広がっている学校での子どもの人権侵害の救済のために、ほぼ教育法学蓄積ゼロの段階から果敢に取り組まれる弁護士の方々の姿勢に、それまでの教師の教育権裁判とは異なる教育裁判の担い手を予感した。それが、1980年代以降の学校教育裁判(子どもの人権裁判)への私の実践的な関わりの始まりであった。すでに、教育法の研究会での事例研究や被害者からの訴えで、学校・地域ぐるみで孤立化させられる子どもの人権裁判の当事者の過

酷な状況は認識していた。この事態を教育法研究者として無視することは許されないし、それまで教師の教育権裁判に集中していた教育法学のレゾンデートルがかかった領域となる感触もあった。はたして学校教育裁判は、体罰・いじめ、校則、学校教育措置と対象を広げた。

これらの急速に広がった教育裁判の担い手は、圧倒的に少年事件に関わってきた先生方だった。非行少年というかたちで学校教育からつまはじきされる子どもたちと、学校教育による人権侵害に苦しむ子どもたちとはつながっていたし、少年非行からは管理的な学校教育の病理がストレートに見える。学校・教師が相手方となる子どもの人権裁判に、従来の教師の教育権裁判の担い手は関わりにくく、子どもたちのパートナーであった弁護士が関わることはむしろ当然の成り行きだった。80年代後半から90年代当時は、いわきと中野富士見中をはじめとするいじめ裁判、修徳高校校則裁判など、各地で子どもの人権裁判が取り組まれ、対策本部（1992年からは子どもの権利委員会）の夏合宿はさながら教育裁判全国交流集会でもあった。熱海や伊豆の懇親会でのユーモアあふれる各地弁護士会の報告、その後も続く研究者・実務家の垣根を越えた熱い討論。

当時の委員会の先生方の教育裁判への熱気を思い出してみると、現状はいささかさびしい。近年の合宿や全国付添人経験交流集会で、教育裁判のテーマの比重は明らかに後退している。確かに、厳罰化一直線の少年法、児童虐待の激増、教育基本法改正、子どもの権利条約・権利条例など、子どもの権利委員会が取り組むべき問題領域と課題は多い。けれども、ほぼ10年ごとに繰り返されるいじめ自殺（報道）のピーク、スポーツ部活などに慣習化している体罰・しごきなど、学校における子どもの人権侵害は一向に解決していない。この間隙をぬうように、昨年（2009年）の小学生の胸ぐらをつかむ制裁を体罰に該当しないとする最高裁判決（最三判平21・4・28）が出された。いじめ裁判でも、被害者救済は一進一退であるし、何よりも学校の情報隠し・操作の体質は変わっていない。積み上げてきた子どもの人権裁判の成果を共有し、さらに一歩進める共同作業を再構築していきたいと思っている。

いつもフレッシュ──付添人は発見の連続

野口善國 （のぐち・よしくに／兵庫県弁護士会）

この30年間余りで、数えたことはないが百数十件を超える付添人をしてきたと

思う。そのたびに付添人として自分は何ができるのか、何ができたのかを問い続けてきた。神戸連続児童殺傷事件など有名な事件ばかりでなく、一見普通の事件であっても、予想しない再非行に頭を抱えることはそう珍しくはない。

　このように困難な事件や「失敗」に直面したとき、何が自分に足りなかったのか、何に気づくべきであったのか、自分の付添人活動を点検することになる。大げさな表現になるが、そのたびごとに私は人間や社会について気づかされることが多い。

　私の基本的な考え方、感じ方というものは、事件の少年たちが教えてくれたと言っても過言ではない。少年は今に生きている。少年の非行は、その時に少年が抱えている問題、社会的な問題を映し出してくれている。だから少年事件はいつもその時、その時に新しい問題を私達に突きつけている。

　一時期、付添人の役割について盛んに論じられたことがあった。少年の権利を守る弁護人に徹するべきなのか、家裁の審判の協力者なのかなどである。私は付添人とは弁護人であるのは当然で、それ以上のものであると考えてきた。単なる弁護人にとどまらず、少年の「心に寄り添う」者、言い換えれば、少年の立場に立って少年の気持ちを理解したうえで、少年の立ち直りをめざす者が付添人である。

　今、遠藤周作の『イエスの生涯』（新潮文庫、1982年）を読んで付添人の役割について改めて考えるところがあった。遠藤氏は、キリストは「何もできなかった人。この世で無力だった人」と言い、「彼はただ他の人間たちが苦しんでいる時、それを決して見棄てなかっただけ。女たちが泣いている時、そのそばにいた。老人が孤独の時、彼の傍にじっと腰掛けていた。奇蹟など行わなかったが、奇蹟よりももっと深い愛がそのくぼんだ眼に溢れていた」と記す。

　私がキリストだとか、それをめざすとか言うつもりはまったくなく、私には宗教心はほとんどないのであるが、付添人というのはやはり少年を愛するということだと思ったのである。

　遠藤氏は、「キリストは、傍にいただけで、物理的には何もできず死んでいったが、『同伴者イエス』のイメージは『抽象的な観念ではなく、文字どおり具体的な感情』となった」と記す。

　私たち付添人が弁護人としての役割以外に実際何ができるかと言えば、結局のところ、少年の心の「傍にいた」というだけなのではないのか。しかし、それはやはり大きな存在でありうるのだ。

　少年法は、パレンスパトリエ（「国親」思想）にその起源の一つがあると言われてきた。遠藤氏は、愛には旧約聖書にみられるような厳しい神の父親的愛とキリストが体現した母親的愛があるとしている。

　少年法は、「愛の法律」とも言われるが、厳しい刑事法の考え方が父親的なものとすれば、まさに母親的な愛こそが少年法の神髄なのかもしれない。

シカゴで少年法が誕生したのは、女性クリスチャンの活躍があったという説があるのも、大いに頷ける気もする。機会があれば、少年法をキリスト教の面から検討してみたいと思っている。

窃盗少年は生還できた
いじめ被害少年だった事件

杉浦ひとみ（すぎうら・ひとみ／東京弁護士会）

たとえば、2009年11月沖縄県うるま市で中学2年男子が、集団で暴行を受け死亡したと報じられた事件があった。被害者死亡の事件では、加害者側は語りきれない加害行為を胸に残しているかもしれない。被害者遺族は我が子は全面的な被害者だったと訴える場合も多い。結局、その事件の結末に至るまでの経過は闇の中になってしまう。

数年前に扱った事件で、いじめを受け凄惨なリンチも受けていた少年が、辛くも後遺症もなく生きて、被害を克服した事件があった。糸口となったのは、彼の万引きが発覚したからだった。コンビニでおにぎりなど何点か盗ったところを店員に見つかったのだ。退学になった彼は「よかった」と心の中で少しホッとした。彼は校内で「逃れられない」いじめのターゲットになっていたのだった。彼は、奇声をあげて授業をボイコットすることを強要され、学校からは問題視され、母親からは嘆かれた。そして日々なぐる、蹴るの暴行（リンチ）を受けていた。死んでもおかしくないようなリンチを受けたとき、彼は絶対に加害者に逆らうのはやめようと思った。だからいじめの被害については、どんなことがあっても親に感づかれてはいけないことであった。塾の授業料を落とした、スロットで負けた、やくざの車に傷を付けてしまったと言い訳をしながら金を求める息子の様子の異常な言動と不安定さに母親も不安が増し、これだけ払えば、このおかしなサイクルから抜けられるのではないかと、お金を渡し続けてしまった。万引事件では、少年が背後関係を話さず、保護観察で終わったが、高校退学になり母親がそれまでの異常な状態に救いを求めて弁護士事務所を訪れた。リンチ事件は警察に被害届を出したが、警察は被害者が死ななければ動かないものだとつくづく思った。民事裁判の中で、加害少年にいじめの意味を知らせて被害少年に謝罪をすることを目的にした。裁判長が問題を受け止めてくれ「法律にやってはいけないと書いてないことなら何でもしよう」と応えてくれた。裁判長が双方の少年に会い、少年同士が対面

する場を作り和解ができた。少年はいじめ加害者をどうしようもない自分より大きな存在だと思っていたが、裁判官の前で対面したときに、おなじ身の丈の少年だったんだと、初めて気づいた。民事裁判を通して彼は心の傷を少しずつ癒し、正義を信じることができ、自分に自信を取り戻すことができた。

はじめての少年事件

相川 裕（あいかわ・ゆたか／東京弁護士会）

　弁護士登録してまだ1カ月という1993年5月、先輩弁護士に誘われて、暴走族メンバーの少年2名（A君・B君）の弁護団（私も含め6名）に参加した。道交法違反（共同危険行為）・凶器準備集合などが非行事実だったが、少年らは当該「集会」に参加していないという主張だった。

　私が加わったのは少年らが家裁送致された後だったが、弁護団は、同じ暴走族グループのメンバーや親から事情を聴くこととし、すでに保護処分とされ少年院にいる者にも一般面会として会いに行き、少年院職員の立会いのうえで話を聴いた。A君らが本件集会に参加していないとの確信を深めるとともに、警察での不当な取調べの実態を知り、弁護人による供述録取書等を作成し、観護措置取消を申し立て、十分な証拠調べを行うことを求めた。A君らの観護措置は取り消され、その後、審判で3カ所の少年院での4人の少年を含む5人の非行事実に関する証人の取調べを行った。

　最初に証人尋問した2人の少年はいずれも弁護団が少年院で事情聴取した際には「A君もB君も本件集会では見かけなかったし、来ていなかったと思う」旨話していたが、尋問の結果は、2人の証言が真っ向から食い違っていた。尋問の前日と前々日に警察官が少年院まで面会に来て、施設職員の立会いなしに彼らを取り調べており、その影響を受け、2人のうちの1人は弁護団に対して話したことを覆してしまったのだった。しかし、その後の証人は、弁護団が事前に何ら事情聴取できなかった者も含めて当該集会にA君・B君が参加していなかったことや警察での取調べの実態を具体的に証言した。

　そしてついに、観護措置取消から約4カ月後の審判で、少年2名につき非行事実なしによる不処分の決定がなされた。

　私が付添人となった最初の事件であり、先輩弁護士から、一緒に事件を担当しなければ学べないであろう多くのことを学んだ事件であった。

仙台の付添人活動から

花島伸行（はなしま・のぶゆき／仙台弁護士会）

　観護措置決定件数に占める弁護士付添人の選任率が、仙台家庭裁判所（本庁、古川支部、石巻支部）では約97％（168件のうち163件）にのぼる（2009年）。全国平均（47.9％）に比べてきわめて高いこの選任率は、「付添人活動をするのは弁護士として当たり前！」という仙台弁護士会の風土と、観護措置決定を受けた少年には原則として弁護士付添人を付するという仙台家庭裁判所の運用によって支えられている。私は、このような風土の中で弁護士として育ち、家裁からの扶助的付添人選任依頼に応じて当たり前に付添人活動を行ってきた一人であるが、2005年からは日弁連子どもの権利委員会にも参加している。

　いわゆる当番付添人制度は、少年の意思に応えて弁護士付添人に就任するものであるのに対し、家裁からの付添人選任依頼に対応する仙台の方式は、観護措置決定を受ける少年で付添人を必要としない少年はいないという原則に裏打ちされている。もちろん、仙台弁護士会の対応能力があってこそ家裁からの選任依頼に的確に対応できているのであるが、依頼を出す家裁自体が付添人の必要性を全面的に肯定しているという点を見逃すわけにはいかない。少年による付添人選任権は保障されるべきだが、付添人の活動には、成人の弁護人に比べて本来的に後見的性格が強いことは否定できないのである。

　仙台の子どもの権利委員会の委員長職を私が引き継いだ今年度（2010年）も、仙台家裁から「特別案件」の援助付添人選任依頼を受けて対応した事例があった。ぐ犯で警察から家裁に送致された女子少年について観護措置を決定した家裁が「女性弁護士を」というリクエスト付きで援助付添人の選任を依頼してきたのである。指定された審判期日の待機弁護士が男性だったため、委員会内で女性の付添人候補者を募って直ちに推薦した。その後、少年は、DV被害を受けていた実母が養父と離婚する際に養父が親権者となり、その養父から虐待を受けていたことが判明。しかし、家出中に援助交際をしていたこと等を理由に、警察から虐待通告を打診された児童相談所（児相）がぐ犯による家裁送致を警察に強く勧めた案件だったため、付添人からの応援要請を受けて、実母による親権者変更調停の代理人を別の委員が引き受けるとともに、児相の嘱託弁護士とも連携して児相自体にも虐待対応を促すなどして、委員会が一丸となって環境調整にあた

り成果を上げることができた。

今後も、こうした地道で仙台ならではの付添人活動について、日弁連を通じて全国にも発信できるよう努力していきたい。

付添人はどこまでやれるか？
どこまですべきか？

葛野尋之 （くずの・ひろゆき／一橋大学教授）

　少年事件の弁護・付添人活動に携わった多くの弁護士が、ベテランから若手の方まで、審判や裁判を通じて、あるいは処遇過程を経て、少年が大きく変化するのを感じるという。現在の裁判結果だけでなく、その少年の将来を思い描きながら活動できるのが魅力だともいう。将来その少年がどのように変わっていくか、その変化の可能性を確かめ、調査官・裁判官との面接や審判の場で、それを提示することが重要だという。少年の変化の可能性を確かめるためには、少年自身に働きかけて考えを深めてもらいながら、少年の成長発達を支え促すものとなるよう、その生活環境を調整する必要が生じる。そのようなケースワーク活動のなかでこそ、少年の変化の可能性が浮かびあがるという。

　弁護士のなかには、頻繁な接見、保護者との相談、家庭・学校訪問にとどまらず、就職先の発見や社会資源の開拓に至るまで、生活環境の調整のためのケースワーク活動に積極的に取り組む人も多い。そのような活動のなかに、少年の変化を促す契機が生まれるという。あるベテラン弁護士は、試験観察中の少年と定期的に面談し、審判が終わってもその少年が訪ねてくるような関係を作るところにこそ、やり甲斐があるという。弁護人・付添人として「どこまでやれるのか」、という積極的・献身的なお仕事に敬服する。

　もっとも、「どこまですべきか」、という形で問題を立てたとき、なお不明確なところも残る。これは、刑事弁護でいう「誠実義務」を、少年事件の弁護・付添人活動のなかでどのように具体化するかという問題でもある。

　留学中、福岡の弁護士たちと2週間にわたり実施したドイツ・イギリスの少年弁護に関する調査、それから得られた所見と日本の弁護士に対する質問調査結果との対比、両者の共通点・相違点の分析は、私にとって忘れられない研究となった。イギリス少年弁護においては、少年の自己表現力の低さや社会経験の乏しさに十分配慮しつつ、少年とのインフォームド・コンセントの関係を形成するなか、徹底

して少年の指示・意向に従いながらその正当な権利・利益を擁護することに「義務」が明確化され、そのような弁護の役割が果たされることによってこそ、少年司法全体の機能がバランスよく強化されるという「分業」主義が認められた(「イギリス少年弁護の意義と機能」福岡県弁護士会子どもの権利委員会編『全件付添人制度の実証的研究』〔商事法務、2006年〕、拙著『少年司法における参加と修復』〔日本評論社、2009年〕に再録)。

「どこまでやれるのか」の積極的で献身的な実践がますます厚く豊かに蓄積されていくなかで、「どこまですべきか」を明確にすることが、少年事件の弁護・付添人活動をさらに拡大・発展させることに役立つようにも思う。

全件付添人制度の発足と現在

大谷辰雄（おおたに・たつお／福岡県弁護士会）

　福岡県弁護士会では、2001年2月に、身体拘束を受けた少年のすべてに弁護士付添人が選任される制度（全件付添人制度）を発足させた。

　それまでも、日弁連は、付添人制度の拡充を目指してきたが、観護措置決定を受けた少年の1割から2割の少年にしか付添人が選任されていなかった。そのため、多くの少年が弁護士の顔も見ないまま、少年院に送致されていたのである。

　そうしたなかで、福岡県弁護士会では、国選弁護制度のある成人事件と対比し、「少年にも、せめて成人並みの権利が保障されるべきである」を合言葉に、全件付添人制度を発足させることになった。

　しかし、これを支える弁護士と財源を確保できるかという不安の中での船出であった。それでも、当番弁護士制度を切り開いたと自負する福岡県弁護士会は、「なんとかなる。問題が起きれば、そのときに考えればいい」と開き直り、「きっと全国の弁護士会でも全件付添人制度はできるはずだ。そうなれば、国選付添人制度が実現する。それまで頑張る」との期待と決意をもって発足させたのである。

　そうして、2009年には、全国の弁護士会において、当番付添人制度が発足し、その多くが少年の年齢や罪名に限定のない全件付添人制度となっている。また、2007年11月には、一部の重大事件に限定されているものの、国選付添人制度が発足した。

　私たちは、この約10年間の全件付添人制度のもとでの付添人活動の実践によって、数え切れない成果を得た。そして、「付添人の要らない少年事件などない」

と断言できるようになった。

確かに、結果としては、少年院に送致されたり、再非行を犯してしまったりした少年もいる。しかし、非行事実の存否の場面だけではなく、少年や保護者、教師、雇用主と向き合うなかで、着実に信頼を得、少年の更生に寄与することができたと思っている。

非行罪名によって国選付添人が選任されたり、選任されなかったりする現状の国選付添人制度がいかに不合理なものであるかは明白である。国選付添人の選任は、少年にとって最低限の権利の保障である。

被疑者国選弁護人の選任される範囲が拡大し、被疑者段階では国選弁護人が選任されていながら、家庭裁判所に送致されると弁護士の援助を受けることができなくなるという現在の制度を放置することはできない。なんとしても、少なくとも身体拘束を受けた少年には、すべて国費で付添人が選任できる「全面的国選付添人制度」を実現しなければならない。

それによって、福岡県弁護士会の全件付添人制度はようやく目的を果たし、次のステップに進むことができる。それまで、私たちは、少年のために汗を流し続ける。

試験観察活用への期待

前野育三（まえの・いくぞう／兵庫県弁護士会、関西学院大学名誉教授）

少年事件には、起訴猶予や微罪処分に相当する処分はない。それは、家庭裁判所に少年の健全育成のための中心的な役割が期待されているからである。家庭裁判所が健全育成のための機関であるのは、家庭裁判所が保護処分を決定する機関であるからだけではない。確かに刑罰よりも保護処分のほうが健全育成に有益であることが多い。とくに重大少年事件で、懲役刑を執行するための少年刑務所収容か保護処分としての少年院送致かが問題になるケースでは、少年の健全育成にとって少年院のほうが有益である場合が圧倒的に多いであろう。

しかし家庭裁判所が刑罰に替えて保護処分を言い渡すだけの機関ならば、健全育成のための機関としての家庭裁判所の役割は、取り立てて大きくはない。自ら健全育成のための取組みを行うことのできる機関だからこそ、家庭裁判所の健全育成のための役割が際立つのである。家庭裁判所は、送致されてきた少年の健全育成のために、自らできることは、処遇機関に任せないで、自らやるべきである。また、そのための人的資源を持ち、さらに少年法60年余の歴史の中で、社

会資源の開発に努めてきた蓄積がある。家庭裁判所が自らできることの幅は大きい。中でも試験観察がその中心である。

少年から見れば、非行を行ってしまい、家庭裁判所で調査・審判を受けている時期は、「どうしたら自分の人生を立て直すことができるか」を真剣に考え、「自分は変わらなければならない」という動機付けの最も強い時期である。また、被害者に負わせてしまった苦痛について、いちばん柔軟に考えることのできる時期である。この時期に悩み、考え、自分を変えていくという作業に真剣に取り組むチャンスを与えられた少年は幸いである。また、試験観察は、通常の生活条件の中で適切な指導を受ける機会の提供でもある。

私の狭い付添人活動の体験の中でも、試験観察を経た事件はすべて少年の反省とやる気を引き出せている。試験観察を希望したにもかかわらず、いきなり少年院送致になった少年（強制わいせつ致傷事件）も現在がんばってはいるが、仮退院後の苦労を想像せずにはいられない。通常の生活条件の中で臨床心理士等の指導を受けるチャンスがほしかった！

試験観察で自己変革に成功した少年は、終局決定において、介入の強い処分を避け、日常生活の中で健全な成長発達を遂げることができる。それは同時にラベリングの大きくない処分の選択でもある。少年が自分の努力で自分に対する処分を変えることのできる点にこそ、「保護主義」に立脚する少年法の真価がある。それは自分の努力で自らの運命を選択する訓練の一部でもある。家裁の場で、それを最も典型的に可能にするのが試験観察である。家裁は、より一層、試験観察を活用してほしい。

二足の草鞋？

齊藤豊治（さいとう・とよじ／大阪商業大学教授、大阪弁護士会）

両立困難な2種類の業を兼ねることを「二足の草鞋」という。40年間研究者をしているが、弁護士を始めて丸3年になる。両立は容易ではないが、弁護士付添人の活動を通じて、研究への刺激や課題が与えられ、また研究の蓄積を通じて得たものを弁護士活動に活かすようにしている。少年法の研究者であるためか、法テラスから少年事件の割り当てが多く、保護者の意向で私選で付添人の依頼をされることもある。弁護士であれば常識であるが、研究者にはあまり知られていないことを順不同で書いてみたい。

少年審判では、起訴状一本主義が採用されておらず、事前に担当裁判官や家庭裁判所調査官と面談することが広く認められる。面談をしても裁判官は聞き置くという態度に終ることも多いが、率直な意見交換をする場合もある。家庭裁判所には、処遇意見が警察、検察官、少年鑑別所、調査官から提出されるが、意見が異なることが珍しくない。付添人はそれらを見ながら処遇意見を出すことができ、「じゃんけんの後出し」が認められる。審判は1回で終了することが多く、家庭裁判所への送致と審判の終局決定の間が比較的短い。審判に先立って付添人の意見書を作成しておかねばならない。

　少年鑑別所での観護措置では、かなり弾力的な運用が認められる。少年が高校入試を控えていたある事件では、試験日に観護措置を一時的に取り消してくれて、無事進学できた。

　少年からみれば、私は「おじいちゃん」の年齢であり、コミュニケーションを確保することが課題となるが、大学で若者と長い間接してきた感覚を活かすようにしている。これに対して、子育てを終えたこともあり、保護者の悩みは理解しやすい。少年および保護者との間でそれぞれにやり取りをするが、それを通して子育ての問題が察知できる。

　少年の立ち直りには、ポイントがいくつかある。①親や家族・友人等への愛着、②将来の夢・希望、③打ち込むものがあること、④良心・理性・規範意識である。少年に対して、内省を通じて自らの行為の意味を理解させることが大切であるが、4点を踏まえた内省を促すようにしている。

　刑事裁判では、処断刑が導き出されると、その枠内でしか量刑はできない。保護処分の決定では、法定刑による縛りがあまりないため、強盗致傷事件の共謀共同正犯でも役割によっては、少年院送致、保護観察となったり、さらには要保護性がないことを理由とした実質的不処分もありうる。

少年冤罪事件に思う

荒木伸怡（あらき・のぶよし／立教大学名誉教授）

1　はじめに

　少年審判の基本構造は、職権主義である。職権主義は、非行事実の有無に争いのない事案において、少年の要保護性を認定し、その解消策をさぐって、少年自身を納得させつつ、処遇内容を決定するための方式として、当事者主義の訴

訟形態よりも優れている。少年鑑別所技官による心身鑑別・家庭裁判所調査官による社会調査・少年法25条2項3号による補導委託などの制度とその運用は、非行事実の有無に争いのない事案を、前提としているのである。

保護処分の決定に対しては、事実誤認を理由とする抗告が、少年側から許されている（少年法32条）。しかし、非行事実はあるが要保護性が解消したという理由での不処分決定に対しては、少年側も抗告できない。また、抗告審である高等裁判所が非行事実無しと認定しても、原決定を破棄自判することは許されていない（少年法33条2項）。これらも、非行事実の有無に争いのある事案を、少年法制度がほとんど想定していないことの表れである。

2　「柏の少女殺し事件」と「綾瀬の母子殺し事件」

死体に遺留されていたので存在しないはずの凶器が、少年院に収容中の少年の自宅の客用布団袋の中から出てきた「柏の少女殺し事件」は、少年冤罪事件の存在と救済手段の不十分さを広くアピールすることとなり、その後に、不十分ながらも少年法27条の二第2項の「少年再審制度」として結実している。

「綾瀬の母子殺し事件」は、少年たちのアリバイ証人の身柄を警察が拘束したことや、観護措置を取り消して在宅事件とすることにより充実した審判を行ったことで有名な冤罪事件である。横川和夫・保坂渉著『ぼくたちやってない』（共同通信社、1992年）は、本件のルポルタージュである。また、マンガ家として有名な塀内夏子さんが描いた『勝利の朝』（小学館、1993年）は、非行事実なし不処分を勝ち取った弁護団の活動のポイントを、わかりやすく伝えてくれている本である。ただし、吉峯弁護士をあまりにもカッコ良く描きすぎているのではないかと思われる。

この事件で弁護団は、非行事実なし不処分となった事件にも刑事補償させようと、研究者である私も加わり、準備していた。しかし、その途中で、京都の事案について「刑事補償の対象ではない」という最高裁決定が出てしまい、刑事補償請求が認められなかった。その後にいわゆる「少年補償法」ができたものの、遡及効はないとされている。

3　「調布駅南口事件」

「調布駅南口事件」は、少年院送致された少年5名が抗告審で破棄差し戻された、暴力行為等処罰に関する法律違反・傷害事件である。私がこの事件に注目した契機は、差戻審で非行事実なし不処分とされ、少年補償を受けたM君までが、家裁に放置されて成人に達してしまい逆送されたT君、補充捜査に基づいて逆送されたK君・I君・C君とともに、起訴されたことである。

非行事実なし不処分とされても、成人後に起訴されるのは、憲法39条が禁止する二重の危険そのものである。しかも、少年補償法により補償されたことは、一体どういう意味を持っていたのか。本件の刑事手続について弁護団は、公訴棄却ないし免訴とともに、少年たちの無罪判決を目指していた。しかし、弁護団会議に常時参加し続けていた私は、たとえ無罪判決でも二重の危険にあたると、悩んでいた。なお、本件のパンフレット作成についても、塀内夏子さんがマンガで協力してくださった。

刑事裁判の途中で、未成年であったC君が分離され、逆送が不利益変更禁止にあたることを理由に公訴棄却と判決された。C君の事件は最高裁まで争われ、弁論が開かれて、公訴棄却の判決が確定した。この判決を受けて検察官が他の少年たちの公訴を取り下げ、公訴棄却の決定で終結することとなった。二重の危険の問題について、私はほっとした。

次に起きた問題は、少年補償によるべきか、刑事補償によるべきかであり、刑事補償法25条に弁護団が挑戦することとなった。検察官は、同法14条による意見の提出を、おそらく本件の証拠関係を知る裁判官たちの転勤を待ったのであろう、さんざん引き延ばしたうえで、判決まで至れば有罪であったと主張した。そして、東京地裁八王子支部は、検察官の意図どおりに、刑事補償請求を棄却したのである。即時抗告に際して、弁護団会議での議論を踏まえて私が執筆していた「公訴棄却と刑事補償」（梶田・守屋退職記念所収）の抜き刷りを添付した。これが有効であったか否かは不明であるものの、幸いなことに、公訴棄却に基づく刑事補償の先例（判例タイムズ1310号287頁）を生み出すことができたのである。

4 「草加の女子中学生殺し事件」

「草加の女子中学生殺し事件」は、遺留証拠の血液型はAB型、犯人とされた少年たちはB型とO型と、血液型が異なるにもかかわらず、少年審判・抗告審・再抗告審・民事の控訴審において、少年たちが犯人であると認定した、わが国の家裁・高裁・最高裁裁判官たちの、検察官依存体質ないし知的レベルの低さを示した事案である。

少年たちの犯行であると認定された主要な証拠は、少年たちの自白調書もあったものの、検察官が作成した手書きの報告書であった。すなわち、乳房に付着していたAB型の唾液は、A型である被害者の汗と、B型である少年の唾液が混ざったものだという。しかし、被害者が非分泌型であったと判明すると、被害者の体垢が混ざったという報告書に、書き直された。このようにいい加減な証拠に対応するために弁護団は、いわゆる垢実験までもせざるをえなかったのである。

なお、「草加の女子中学生殺し事件」について、少年審判・抗告審・再抗告

審で有罪と認定された以上、損害賠償請求事件において少年たちの犯行ではないと認定されても、少年たちの犯行であると主張している研究者がいる。しかし、民事事件をも含めて、事実認定の実態について、無知すぎるのではあるまいか。

5　少年冤罪事件の付添人活動

　少年事件のほとんどは、刑事事件と同様に、非行事実の有無に争いのない事案である。これらの事案における付添人の役割は、当該少年の要保護性の解消に最適な処遇を求めることである。しかし、冤罪事件においては、やっていないという少年の主張を、収集した証拠に基づいて代弁して、裁判官を説得することこそが、少年の健全育成に必要不可欠である。たとえ当該少年に虞犯性があっても、「非行事実なし不処分」を求めるべきなのである。

綾瀬母子殺し事件

武内謙治（たけうち・けんじ／九州大学准教授）

　個人的な体験として少年司法の問題に文字の上で初めて触れたのは、大学3年次の演習講義においてである。「法律時報」誌に連載されていた「少年事件研究会レポート」を素材に少年法の問題を考えるという授業で、たまたま報告を担当したのが「綾瀬母子殺し事件」であった。東京弁護士会法律実務研究（5号）に掲載されていた論文を手がかりにしながら報告に臨んだと記憶する。代用監獄における身体拘束、自白評価や事実認定のあり方、忌避申立て権の有無、補充捜査の可否、不処分決定に対する刑事補償請求の可否等々。四苦八苦しながら調査した問題は、法学の専門教育を受け始めたばかりの身にとっては、興味深いものであった。しかし、その際に最も強く印象に残ったのは、少年事件において弁護士が付添人として関与し、重要な役割を果たしているという事実であったように思う。弁護士付添人の人間的な側面にも焦点を当てながらこの事件を描いたルポルタージュ『ぼくたちやってない』（横川和夫・保坂渉、共同通信、1992年）を併せて読んだことが大きかったのかもしれない。ともかくも、無知の身には、弁護士が少年事件にかかわり、少年に近しい立場から献身的な活動を行っているということ自体が驚きであった。少年鑑別所収容後、当初は捜査員と弁護士の区別がつかないほどであった少年たちにとって、弁護士による付添人活動はどれほど心強いものであったろうか。仮にこの事件で弁護士付添人が選任されていなかったとした

ら、司法判断は同様の結論を得たであろうか。最低でも身体拘束された少年には国費で付添人が選任される必要があるのではないか（当時はまだ国選付添人制度は存在しなかった。現在でもそれは十分なものとはいえない）。自分自身がまだ少年年齢に近かったこともあり、そのようなことを反芻して考えたように思う。

　日本における少年司法の歴史の中で、遅くとも1980年代以降の展開が、弁護士付添人活動の拡がりにより特徴づけられることについて異論はなかろう。現在、弁護士付添人は、少年司法の不可欠な担い手となっている。しかし、その学術的な分析はなお十分ではないように思われる。「子どもの権利通信」は「全国付添人経験交流集会報告集」と並んで、この重要な担い手の実務上・理論上の問題関心と具体的な活動内容、そしてそれらの変遷や裾野の拡がりを鮮明に伝える貴重な資料ともなっている。それはまた、少年司法の像を少年の側から新たに浮かび上がらせる契機を含んでいる。原点を思い起こしながら「子どもの権利通信」をもう一度紐解き、活きた少年法の姿とその歴史をとらえてみたいと考えている。

法務教官の思い出

相原佳子（あいばら・よしこ／第一東京弁護士会）

　私は、弁護士になる以前、1978年からの約5年間であるが、法務教官として、女子少年院に勤務した経験がある。すでに、約30年近く前のこととなるので、現在の子どもたちのおかれた状況とは異なっている部分はあるかとは思うが、コラムの執筆にあたり、当時の経験を少し、書かせていただく。

　私が少年院の教官になったのはまったくの偶然だった。当時も就職状況は厳しく、大学時代アルバイトで学資を稼いでいた私が滑り込むことができた職業が法務教官だった。ただ、私自身が父親を亡くして高校卒業時点で大学進学をあきらめて、就職せざるをえなかった経験を有していたからか、または、性格的にそもそも屈折していたためか、5年間の教官時代は、思いのほか、少年院の子どもたちとは楽しい時間を過ごすことができたように思う。

　もっとも、子どもたちは非常に重い荷物を背負って生きており、その生育歴はそれぞれが一冊の小説になるものだった。

　今だから書けることだが、入院して間もない少女に逃走されて、追いかけたことがあるし、朝礼後の全員揃っての駆け足の最中にスローモーションのように倒れた少女がそのまま帰らぬ人となったことがある（私が勤務した少年院では少女たち

だけでなく、職員全員、とくに、高齢の院長も一緒に同じ速度で走っていた)。検視、死体解剖をしたところ、死因は心筋梗塞だったが、薬物の常用によって心臓だけでなく内臓がかなり弱っていたと報告されていた。また心情不安定な少女がガラス窓を割り、破片で手首を切ろうとした自殺を企図したことや、髪の引っ張り合いを止めに入ったこととか、ドラマ以上のドラマが繰り返される日々だった。

　ところで、体育を担当していた若い男性の法務教官は、担任の生徒との面接を中庭のベンチで行い、密室を避けていた。少女たちは愛情に飢えており、自分を叱ってくれる普通の男性に対して恋心を持つ子が多く、必然的に歓心を買おうとし、応えてくれないと思うと、反動として虚偽を語ることもありえたからだ。

　ところで、私が務めた施設では、現場の法務教官の大半が「肝っ玉母さん」と言える人たちであり、自らも子育てをしながら、少女たちをも同様に扱い、愛情を注ぎ、共に泣き、笑い生活をしていたといえる。とくに、大学卒業直後に勤務した私の目からは、プロフェッショナルな方々が揃っているという印象であった。たとえば、少女のひとりが「朝早く起きてお祈りをしたい」と申し出た際には、正規の起床時間を少女ひとりだけ早くする特別扱いを許可するのかにつき、職員で大議論をした。結果、「信教の自由は最大限尊重すべきである」との結論に至り、同室の子の迷惑にならないように、就寝はひとり部屋とし、朝早く起きてお祈りすることを認めたのだ。また、ある子どもが人間関係に行き詰まって、心情不安となり、日記帳をまっぷたつに破ったことがあった。当然、これは規則違反であることから、私はどうやって反省させようかと途方に暮れていたのだが、ある大ベテランの職員は目が座ってしまって、職員をにらみつけている少女に対して、にっこり笑って、一緒になって破かれた日記帳をさらに細かく細かく破り出し、たくさんできた紙片を紙吹雪のようにまき散らした。それを見ていた少女は、予想外の成り行きに、緊張がみるみる溶けていった。

　その教官が「後かたづけを一緒にやろう。そして、ゆっくり考えようね」と話しかけると、彼女はうんと頷いた。

　このように尊敬すべき教官がほとんどであったが、そもそも、私を採用してくださった院長(小倉久美子院長)が、自由な雰囲気を非常に大切にした方だった。彼女は「施設に鍵は最小限にしかかけなくて良い、何かあったら私(院長)が責任を取る」と笑ってくださった。私の経験から言えることであるが、トップがどの程度気概のある人かで施設の雰囲気と矯正の力は変わってくると思う。

　その後弁護士になってから付添人として少年事件に関わってきたが、時の経過の中で、子どもたちを取り巻く環境は変わってきたとはいえ、愛情体験のないまま自分を大切にできずに、自傷他害に及ぶ子どもたちがほとんどであることは変わらないと思う。

少年院のあり方に対して不信や批判があることは当然だが、約30年前の田舎の少年院で行われていた矯正教育の実際を知る者としては、現場の教官の取組みに対して批判的すべき部分と同時に、応援する部分をも知っていただければと思う。

若い弁護士の活動に刺激されて
──「少年問題研究会」(横浜)をはじめた頃

寺尾絢彦（てらお・あやひこ／ミーティングスペース てらお主宰、元家裁調査官）

　私が家庭裁判所に入ったのは1962年、そのころ地方の小さな裁判所では、家裁専任の裁判官はおらず、少年事件など片手間という人も少なくなかった。審判廷で「お前は！」と怒鳴りつけられ、「今何やってる！」と聞かれた少年が、緊張のあまり、それがどんな仕事をしているのかという意味だとわからずに、「座ってます」と答えたという笑えない話もあった。警察での酷い取調べの実態も聞いていたし、少年法の理想とはかけ離れた現実に、これでいいのかという思いを抱くことは少なくなかった。ここに弁護士がいてくれたらと思っても、当時少年事件に付添人が付くことはほとんど無く、調査官から見る弁護士は遠い存在であった。たまに付いても刑事事件の感覚で、施設に送られさえしなければよいとしか考えない人もいて、少年事件の特質を理解してもらうのは大変であった（もちろん立派な弁護士も裁判官もいたことは言うまでもないが）。

　そんな中で、少年法改正問題がおき、1975年に植松試案が出されたのに対して、翌年日弁連に「少年法『改正』対策本部」が設置された。私は全司法や東京の調査官を通じ（妻が東京家裁にいたこともあり）若い弁護士の皆さんが現場で具体的な事件を通して熱心に勉強し、精力的に活動する姿に目を見張った。子どもの権利、子どもの人権ということばも実感を持って考えるようになった。

　少年事件をめぐっては、警察・検察・弁護士・児相職員、家裁調査官・裁判官等々いろいろな大人が一人の少年の前に現れるが、当の少年が、「この人たちは自分とどう結びついているのか、大人同士はどういう関係にあるのかわからない」と混乱するのをよく目にした。私は、変な縄張り意識を捨てて現場の調査官や弁護士等が、少年を中心にもっとお互いに勉強し合い研究し合うべきではないかという思いを強く持つようになった。

　1987年、横浜で弁護士と調査官がケース研究を中心に「少年問題研究会」を始め、それは今も続いているが（2008年、研究会の20周年記念誌「呟き

が発刊されている)、その出発は当時の弁護士の方々の熱心な活動に大きな刺激を受けたことにあったと思う。

少年法が改正され、状況が変わっても、非行をした少年が、それによって何を訴え、何を求めているかを原点に返って考えるのは現場でこつこつと仕事をする人たちであり、それが何にも増して重要なことであることを改めて痛感している。

親だって結構つらいのです

内田信也（うちだ・しんや／札幌弁護士会）

　私は、7年前から「非行と向き合う親たちの会・札幌」（通称・雪解けの会）の世話人をしている。どんなことをしているかというと、毎月1回、交流会を開いて、わが子の「非行」で悩む親同士が、それぞれの経験を語り合い、互いに励まし合う、ただそれだけの会だ。何か結論を出したり、方向性を決めたりはしない。わが子が現在進行形で「非行真っ最中」のお母さんの心には、いわゆる「専門家」の意見とか講釈はあまり響かないようだ。評論家的で、解決への処方箋が「きれいごと」すぎるのだ。それよりも過去に自分の子どもが非行に走り、葛藤と苦悩の中で、それを子どもとともに乗り越えたお母さんたちの経験談のほうがはるかに説得力がある。「あ〜、それは大丈夫よ。うちの子もそうだったし、必ず帰ってくるから」とか、「親がそれを言うと、子どもは反発するだけだよ」、「お父さんの姿が見えないな。うちの場合は、……」という語り合いを繰り返すと、最初のころは、涙、涙でまともにしゃべれなかったお母さんの表情が少しずつ明るくなる。そして、だんだんと自信がつき、子どもの成長と変化を「待つ」ことができるようになる。

　この「待つ」ということはとても重要なことだ。最近つくづく思うのだが、私たちは「待つ」ということができなくなってきているような気がする。なぜか、結論を急ぎ、それができないとイライラして、ついにはキレてしまう大人のなんと多いことか。「ボクの人生をそう簡単に決めつけないでほしい。これでも結構悩んでいるんだから、自分のペースで生きていくことを認めてよ！」という子どもたちのメッセージを受けとめることができないのだ。

　非行少年を語るとき、よく自己肯定感や自尊感情の欠如が指摘される。しかし、私は、「待つ」ことができなくなっている背景には親の自己肯定感や自尊感情の欠如があるように思う。少年審判で問われているのは子どもの「要保護性」とともに、親自身の生きざまである、と言ったら言い過ぎだろうか。

これまで、非行少年を支援する方策はいろいろと考えられてきたが、「わが子の非行に悩む親」を支援しようとする動きはあまりなかった。これからの少年司法では「親支援」が重要な課題になると思う。

子どものシェルター

坪井節子（つぼい・せつこ／東京弁護士会）

　2004年に「カリヨン子どもセンター」が、東京に子どものシェルターを開設した。その後、神奈川に「子どもセンターてんぽ」、愛知に「子どもセンターパオ」、岡山に「子どもシェルターモモ」が設立され、シェルターを運営している。虐待、家庭崩壊などのために居場所を失い、ひとりぼっちになり、非行に陥ったり、自傷をしたり、薬物、性的搾取に曝されて、生き悩む10代後半の子どもたちの緊急避難場所である。いずれも子どもの権利回復のために、弁護士が活動の重要な部分を担っている。

　子どもの人権に関わる弁護士の仕事は、少年事件、学校問題から始まり、虐待や児童養護施設などの子どもの福祉、児童ポルノ、子ども買春などの性的搾取問題へも広がっていった。それらは決してばらばらの問題ではなく、目の前の子どもを苦しめる、一連の具体的な権利侵害状況として現れる。ひとりの子どもが家庭内で虐待をされ、学校でいじめを受け、非行に陥り、買春被害に遭い、そのうえ児童福祉施設内で不適切な処遇を受けるというように、重層的な深刻な人権侵害の様相を示すことすらある。ところが国や地方公共団体が設計する子どものための制度は、縦割り行政のもとで、少年司法、教育、児童福祉、医療などと領域が限定される。すると制度の狭間に落ち込み、居場所も支援者もなく、生きる手立てが見つからない子どもが生まれる。

　虐待が背景にあるが、家裁の審判を受けて社会内で更生をはかりたくても、あるいは少年院から仮退院したくても、受け入れてくれる児童福祉施設のない子ども。家出をし、性非行を繰り返すうちに、家族から受け入れを拒否された子ども。中学卒業と同時に児童養護施設を離れ就労したが、失職して寮を追い出された子ども。家族が崩壊し、高校を中退したが、再度高校卒業をめざしたくても居場所も方法もない子ども。軽度の知的障害や発達障害を見逃され、ケアを受けられないまま社会に放り出された子ども。子どものシェルターは、そうした子どもに出会ってきた弁護士や市民が、やむにやまれず始めた活動である。試行錯誤の連続であり、

資金も人材も苦労が山積みである。しかしそこで子どもが生き延び、笑顔を取り戻してくれたときの喜びは、何ものにも代えがたい。現実のニーズに根ざす、多機関連携による具体的支援の方策を編み出し、縦割り行政に横串をさす。子どもを真ん中にした、子どもの権利保障のための総合的支援の実現がめざされている。

国際的な子の連れ去りに関するハーグ条約と子どもの人権

大谷美紀子（おおたに・みきこ／東京弁護士会）

　一昨年（2008年）あたりから急に、「ハーグ条約」に関する記事が新聞で取り上げられることが多くなった。正式名称を、「国際的な子の奪取（連れ去り）の民事面に関する条約」という。ハーグ国際私法会議という第二次世界大戦の前からオランダのハーグにある100年以上の歴史を持つ国際機関で1980年に採択された条約である。子どもがそれまで住んでいた国（常居所地国）から他国に不法に連れ去られたり、他国に留置されることから子どもを保護し、子どもを常居所地国に迅速に返還するための国家間の協力について定めた条約である。2010年8月現在、欧米先進国を中心に82カ国が締結している。

　この問題について、日本では、最近になって、急にメディアによる報道が増え、突然、話題になっている印象があるが、国際的には、国境を越えた子どもの連れ去りの問題は、子どもの人身取引、児童労働、子ども兵士、子どもに対する暴力、児童ポルノ、子ども買春等の問題と並ぶ、深刻な子どもの人権問題として扱われている。

　ハーグ条約が、子どもを元の住んでいた国に迅速に返還すべきものとしているのは、子どもがそれまで住んでいた国から、子どもを親の一方と引き離して別の国に連れて行って返さないことは、子どもにとって有害であるという考え方が背景にある。他方で、短期日の審理で、子どもの返還を原則として義務付けるハーグ条約は、かえって子どもの人権の観点から問題があるという意見がある。どちらも、「子どもの人権」の視点からの議論であるが、当の本人である子どもたち自身の声が不在のまま、「大人」たちが「子どもの最善の利益」の名の下に論争しているようで危惧される。

　別居・離婚に伴う子どもの奪い合い紛争は、子どもが外国に連れて行かれてしまうと、あるいは連れ戻されてしまうと二度と子どもに会えなくなるという親の激し

い恐怖感から熾烈なものとなりやすい。また、「自国の子を守る」という旗印の下で、国家間の外交問題にまで発展しかねない。実際に、子どもを外国に連れ去られ、二度と会うことができなくなった経験のある親の苦しみは想像を絶するものがある。

　国連は、1989年、子どもに関する初めての包括的な人権条約である「子どもの権利に関する条約」を採択し、国際社会は、子どもを単なる保護の客体ではなく、権利の主体であるとする画期的な子ども観に立つことを決めた。そして、条約採択20周年の2009年11月、ソマリアが同条約を批准する方針を明らかにした。ソマリアの批准が実現すれば、世界中で子どもの権利条約を批准していない国は、アメリカ合衆国のみとなる。

　同条約は、子どもが不法に他国に連れ去られ返還されない状態から保護することを締約国の義務としている。子どもが両親のそれぞれと交流することは子どもの権利であり、締約国は、「子どもの最善の利益」に反しないかぎり、それを実現する義務がある。しかし、あくまでも、「子どもの最善の利益」が最優先されなければならない。また、同条約は、子どもに影響を及ぼす事項について、子どもに意見を表明する権利を保障している。ほぼ世界中のすべての国が受け入れている子どもの権利条約は、あらゆる子どもの人権に関する問題を議論するうえでの出発点である。国際的な子の連れ去りをめぐっては、「子どもの最善の利益」という共通のフレーズを使いながら、親同士、国家同士の紛争の狭間で、肝心の子どもの幸せが損なわれてしまうことのないよう、子ども自身の声・思いに耳を傾け、国際社会が真剣に「子どもの最善の利益」とは何かを考え、議論していく必要がある。

中学校の現場からみた少年事件の時代背景

児玉洋介（こだま・ようすけ／元公立中学校教員・東京）

　1976年4月、私の教員生活は東京足立区の中学校から始まった。
　高度成長の落とし子のような、急成長した下町の新興住宅地に、第2次ベビーブーム世代という「団塊の子どもたち」が、小・中そして高校を駆け抜けていこうとする時期が、私の教員生活前半期の十数年だった。「非行」の嵐がいたるところに吹き荒れ、「暴走族」「番町グループ」「ツッパリ」は、一つの中学生文化としても強い存在感があった。
　この「団塊の子ども」集団とどう対峙するか、それが当時の中学校教育の中心テーマだったかもしれない。初任の年が、1学年9クラス437人、全校生徒1,200

名、6年後には1学年13クラスにまで膨れ上がっていた。クラス全体、学年全体をどう動かすかが学校運営上の最大の課題となり、「個に応じた教育」などという発想自体、成り立つ環境になかった。教員も毎年10人近い新採者を迎え、子どもたちと全力でぶつかるエネルギーにはあふれていたが、生活指導も行事の取組みも、方針の「共有」と実践方向の「統一」が欠かせなかった。いきおい、生徒指導は管理を強める方向に流れがちになり、「校則」の指導基準は細分化され、教育よりも管理が先行する流れが強められていった。

当時、中学生の高校進学率はピーク（73年、97％）を迎え、「高校進学は当たり前」といわれる時代となった。しかし、以後、増え続ける生徒数に高校の受入枠は追いつかず、受験競争が激化し、希望しても高校進学できない子どもが大量につくられた。「当たり前」となったはずの高校に入れない「中学浪人」の増大は受験競争の深刻さを深めていった。高校の数だけランクで輪切りされた偏差値依存の受験体制は、中学生の人格や自我の形成とのあいだで、激しいぶつかり合いを引き起こした。

学力偏差値と校則に代表される管理的価値の押しつけに対し、当時の子どもたちの抵抗の文化的対抗軸の一つが「非行」であり、「ツッパリ」の自己表現であったともいえる。当時の子どもたちの少年法との関わりもまた、「ツッパリ」にからむ暴力事件や、校則による管理と子どもの人権との関係で争われるものが大多数であったと思う。

このようななかで学校は何ができるのか。当時の私たち教職員の実践的対抗軸も子どもの集団の力に求めた。中学生集団の中に、「非行」「ツッパリ」を超えるより高い生徒の文化的価値を創造することに求めた。子どもたちが集団の主人公になり、優れた文化を自分たちの実践の中から創り出す、「自治と文化の学校づくり」が、非行文化とたたかいながら足立区の各学校で果敢に取り組まれた。それはまた、管理教育を教職員自らが乗り越えようとする実践でもあった。

一方、管理教育（校則）と力による指導（体罰）が子どもの集団を解体し、子どもたちの外に向かう集団的な抵抗が「制圧」されていくと、子どもの問題行動は孤立化、内面化し、80年代後半以降、いじめ、不登校、ひきこもり、自殺などが、新たな子どもの社会的問題として登場してきた。少年事件も、子どもの個々の内面に入り込んでの深い解明が求められるような、あるいは人間としての発達の基本の部分での歪みが問われるような事案が増大していった。

日本経済がバブル期を経てその崩壊と長期不況に至るこの時期は、中学校にとっても新たな教育課題の幕開けとなった。教育産業の戦略と相まって作られたバブル期の私学ブーム（「お受験」、私立中学受験、塾の繁栄等）は、学力偏差値競争をさらに押し上げるとともに、その競争に、あらたに、家庭の経済力格差

を持ち込むことになった。

　私学に向いていた親の教育要求がバブル崩壊後、公立学校への再編要求となって、東京の公立学校は大きな変貌を遂げることになる。

　90年代後半、私は足立区と荒川区で、通学区域が実質崩壊し、学区域外への生徒流失で急激に小規模校化した中学校で見た子どもたちの、まったく新しいタイプの「荒れ」や、4つの中学校が1つに統合されていく中で、切り捨てられる子どもたちの教育条件と、公教育に広がる教育条件の格差の拡大に直面した。越境入学の広がり、通学区域の自由化、学校選択制度導入という流れで、義務教育学校が生き残り競争にのみこまれ、行政主導の学力テストで地域の中学校が公的にランクづけられ、「子どもの集まらない学校」が淘汰され、統廃合されていく姿は、まさに「教育改革」という名の下にすすめられた学校教育の「構造改革」であった。この東京の「教育改革」10年余りの中で、東京の公立中学校はその様相を一変させるとともに、学校が子どもに対して果たすべき役割までもが、大きく変質させられることになった。

　公立中学校が、地域や家庭の困難な生活実態を背負った子どもたちの丸ごとを、その教育対象とした時代は確実に過去のものになった。かつては、どんな家庭の困難さを背負った子どもであっても、その子の教育について、地域の学校は責任を逃れることはできなかった。しかし今、学校は、自校を選択した家庭の自己責任を前提に、目の前の「手に負えない子ども」への教育責任を一方的に放棄する関係をつくりだしている。そこでは、学校の掲げた方針に忠実な生徒だけが教育の対象とされ、選択・競争・格差という「社会的要求」と価値感に特化したまったく新たな空間としての学校がつくられてきている。

　子どもは、学校間の比較、他者と比較された自分の序列でしか、自分を確認するすべがなくなっている。この新しい学校空間は、かつてはどの学校にもあったアイデンティティーを喪失させ、子どもたちは、いまと未来への不安を駆りたてられながらの競争から逃れることができず、挫折とあきらめの体験だけが増幅していく場となっている。バーチャルな空間や、自分の内にしか、子どもたちの逃げ場はなくなってしまったともいえる。

　こうして、選択・競争・格差の新たな公教育システムのもとで、家庭の経済力の格差がそのまま子どもが受ける教育の格差として拡大してきている。一方で、格差は正の多様な公的ケアの制度が削減・縮小されていく中で、「子どもの貧困」と呼ばれる事態が出現し、社会の貧困が、学校教育のシステムを通じて再生産される構造がつくられている。

　学校教育はいま、この「子どもの貧困」と正面から向き合わなければならない時代を迎えている。子どもたちは毎日、自分の家庭がかかえる生活の貧困、学校

で受ける教育の貧困、そして学校を出た先に待ち受けている自分の未来の貧困と、日々向き合わされている。

　子どもが直面しているこれらの課題に応える学校教育をどのように再生するか、実践的対抗軸はなかなか見出しえないのが現実であり、現場教職員の最大の苦悩ともなっている。かつてと違うのは、集団としてどこかに引っ張っていくような手法は通用せず、一人ひとりの子どもの内面にまで深く立ち入って、子ども自身の発達要求ととことん付き合いながら、子どもにつながるさまざまのネットワークを紡ぎなおしていくような、地道で息の長い取組みが必要であることは間違いない。しかし、それをすすめる現場教職員の働きかたの現実もまた、困難さを増大させている。

　憲法26条の「ひとしく教育を受ける権利」「義務教育の無償」、この理念から60年以上を経て、あまりにも遠ざかってしまった今日の学校制度の位置がある。あらためて、憲法と子どもの権利条約の理念を、現実の学校制度と日々の教育活動の中に、そして子どもの生活の中にとりもどすこと以外に、子どもの貧困は打開できない。

児童憲章の今日的意義

中山　伸（なかやま・しん／元東京都小学校教員）

　　日本国憲法の精神にしたがい、児童に対する観念を確立し、すべての児童の幸福をはかるためにこれを定める
　　児童は人として尊ばれる
　　児童は社会の一員として重んぜられる
　　児童はよい環境の中で育てられる

　児童憲章は、来年（2011年）還暦を迎える。その誕生の頃はともかく、成長してからはあまり多くの注目を浴びてはこなかったように思う。しかし21世紀の10年目のいま、改めてその存在意義の重みを再認識させられている。

　落盤のサイレンが真夜中に鳴り響き、貧困と格差があたりまえの炭鉱の町で育った私は、どの子も平等に扱う恩師に憧れ、その教師たちが教室で、また地域に出て語る「すべての子どもをしあわせに」という熱い訴えに共鳴し、教師の道をめざした。そして、子どもを人権の主体として「すべての児童の幸福をはかる」という理念を掲げる児童憲章を教育基本法とともに教育実践の標としてきた。それゆえ

に教員採用差別を受けながらも、東京都の教員となってからは、父母会や学級だよりで児童憲章を紹介し学級運営の大本においてきた。しかし、「みんなを大切にといってがんばっているのはわかるけど、先生のクラスは、先生を頂点とするヒエラルヒーよ」と厳しくも適切に批判されたこともあった。それでも保護者や地域のみなさんと学びあう地域集会などでは、つとめて児童憲章を紹介してきた。それは、自らの教育実践の検証の場でもあった。しかし80年代以降は時代のギャップを感じ、思いとは裏腹に「言い回しは時代を反映しているので」とか「子どもを保護の対象としているが」などの前置きを話題提供の冒頭に述べる有様だったが、児童憲章全体にあふれる時代を超えた高い理念への参加者の共感が私のひるむ姿勢を押し返してくれた。

　紹介の仕方は、きわめて簡単で、全文のプリントを用意して可能なかぎり声に出して読んでいる。前文と総則3原則、そして個別で具体的な内容の12項目。わずか635文字程度だが、その内容と語句の一つひとつは、参加者のそれぞれの人が持つ課題と重なり合い、励まし希望を与えてくれる。先日の地域の父母と教師の教育懇談会では、参加者の一人の方が読み終わって「子どもが追い詰められ苦しんでいるこの社会は間違っている。自分の心の底からの思いがここに込められている」と涙を流された。

　しかしそのような機会は、学校外での集まりのほうが多く、学校や教育現場ではなかなか深く受けとめられない。管理強化と多忙化の中で教師がゆとりをなくしているからか。児童憲章が国会制定法でなく法的拘束力がないために、学校現場で生じる問題の現実的な困難解決の直接的な力となりえないからなのか。

　確かに児童憲章は国民的宣言としての性格を有しているが、今日の子どもの現実態は、一人ひとりの保護者や教職員の良心だけではどうにもならないほど根が深くいりこんでいる。しかも、その理念を実現していく教育・福祉の行政措置や予算は脆弱で子ども・国民の要求に背き、政府は事実上自らの責任を放棄している。そして、児童憲章制定から半世紀を経たこの国の貧困と格差は拡大し政府は国民の声に突き上げられて子どもの貧困率を14.2％と発表した。

　子どもが置かれている実相を明らかにする活動は、きわめて重要である。児童憲章の実現をめざす子どもを守る運動の中で編み出された「子ども白書」づくりは、児童憲章を踏みにじる勢力への怒りの結集であり、子どもを守る要求実現運動の組織化である。「白書」は教育、福祉運動の大きな財産であり、児童憲章の実現をめざす、いわば「子ども統一戦線」の活動が生み出したものである。今ほど、このような「子どもの幸福」の実現をめざし、子どもを守る「統一戦線」が待望されている時はない。いま子どもの貧困と孤立・孤独をなくすためのネットワークが全国各地でつくられ、子ども、親、教育・福祉関係者、弁護士、市民、労働

組合等々がみんなで実態を出し合い、力強い協同の一歩を踏み出している。

その中で、子どもが一日の大半を過ごす学校の教職員は外に出ることが重要である。学校・教室からのみ子どもを観るのではなく、子どものしあわせをめざして社会的に手を結ぶことが今ほど求められているときはない。そのことを「子どもの権利通信」を拝読しながら強く思う。

そのためにも、児童憲章の制定と草案作成過程についての今日的意義とその後の子どもの人権確立の運動の発展と努力について、教職員をはじめ多くの方と問い直したい。そして、子どもの権利保障を国家の義務として明確にした「子どもの権利条約」にもとづく、子どもを人間として真に育む新しい時代を切り開きたいと思う。

「子どもの権利通信」を読ませていただく機会を得たが、弁護士の皆さんの真実を徹底的に解明する行動とあくまで子どもの人権を守る立場での論戦の研鑽は、一面的な見方に陥りやすい私に鋭い指摘を与えていただいた。

今日、教育現場は学校も教職員も競い合わされ、その圧迫が屈折した「指導」となって子どもと教師が敵対するという不幸な事態をも生み出している。「学力テストの結果」や「進学率」が学校を支配する教育の現状は、根本から転換されなければならない。異常ともいえる教育現場の真っ只中にいる教職員に「子どもの権利通信」を広めていただくことを期待する。

子どもの権利条約と保育について

源 証香（みなもと・さとか／白梅学園短期大学専任講師）

1 子どもの権利条約の内容：乳幼児期に焦点をあてて

世界人権宣言（1948年）の採択をかわきりに、さまざまな人権に関する条約が採択され、人権保障のための国際的努力が重ねられている。「子どもの権利条約」（1989年国連採択、1994年日本批准）は、子どもの最善の利益を考慮し、その権利があらゆる場で実現されることが求められており、子どもたちの国際的な権利章典とよぶにふさわしい内容である。以下に、条文（政府訳）のいくつかを挙げ、乳幼児期の保育でどのような内容が遂行されるべきか具体的に読み解くこととする。

3条3項：締約国は、児童の保護又は保護のための施設、役務の提供及び施設が、特に安全及び健康の分野に関し並びにこれらの職員の数及び適格

> 性並びに適正な監督に関し権限のある当局の設定した基準に適合することを確保する。

　安全かつ健康な生活を送るために、職員の配置基準が子どもにとって適当であるか問われる必要がある。また、保育者としての適正と、各年齢の発達時期に応じた保育者の配置が望まれる。

> 6条2項：締約国は、児童の生存及び発達を可能な最大限の範囲において確保する。
> 29条1項：締約国は、児童の教育が次のことを指向すべきことに同意する。
> (a)児童の人格、才能並びに精神的及び身体的な能力をその最大限度まで発達させること。

　乳幼児の生存を確保することはもちろん、その子の発達を最大限に確保するという観点からも、保育内容の充実が図られなければならない。

> 12条1項：締約国は、自己の意見を形成する能力のある児童がその児童に影響を及ぼす全ての事項について自由に自己の意見を表明する権利を確保する。この場合において、児童の意見は、その年齢及び成熟度に従って相応に考慮されるものとする。

　幼児のケンカを急いで解決しようとするあまり「ごめんなさいしなさい」と、無理に謝らせる対応が見られる。一見解決したかのように見えるが、保育者の見ていないところでケンカが引き続くこともある。幼児の気持ちをまず受け入れ、そのうえで幼児自身が納得して解決することが重要である。

> 18条1項：締約国は、児童の養育及び発達について父母が共同の責任を有するという原則についての認識を確保するために最善の努力を払う。（略）児童の最善の利益は、これらの者の基本的な感心事項となるものとする。

　保護者支援は、保育現場に求められる役割の一つである。支援の際、保護者の要求やニーズが、子どもの最善の利益に繋がるか、それとも保護者だけの利益であるかを見極めなければならない。

2　子どもの権利条約をめざして：保育現場における課題と具体策

　保育現場における二つの調査結果を紹介したい。学童保育所指導員を対象とした調査（1999年）では、小学校低学年の気になる行動として、批判ばかりで遊びが成立しない、思い通りならないとやめて妨害する、次の行動に移る際に大人に答えを求める、自分が中心でないと気が済まないなどが挙げられた。これら

の傾向は、小学校以前に、何らかの形で幼児期において解決しておくことであろう。保育所保育士を対象とした保育所保育指針改訂に関する意識調査(2000年)では、子どもの最善の利益や子どもの人権擁護など、権利を重んじる内容が加わったことに関しての評価が95.6%と高い感心がある一方、「子どもを大声で叱責する」「子どもに乱暴な言葉を使う」ことがある回答が16.2%に認められた。この結果から、子どもの人権が保障されておらず、人権の概念が曖昧である現状がわかる。今後、幼児期に携わる保育者が問題意識を持ち、幼児期の重要性、保育の責任が問われなければならない。そこで、以下に具体策を三つ提案する。

　概念定義と共通理解：人権についての概念があまりにも曖昧であることから、人権を特別なことと捉える保育者も少なくない。昭和初期に我が国の保育理論を確立した倉橋惣三は、先生の存在は、子どもの後にいて極めて目立たないものでなければならず、それは、外から見て強い存在に見えないだけでなく、そこにいる子どもたちにとって強い存在に感じられないことが、幼児教育の特性を成すという意味において、非常に大事な問題であると述べている(『幼稚園真諦』フレーベル館、1934年)。倉橋の論からも、幼児と保育者との間に、人間的に対等な関係が存在することがどれほど重大なことであるかがわかる。保育の実践と研究に寄与した大場牧夫は、愛情や、子ども理解、人間としての育ちを考えることは大切ではあるが、これは、あくまでも保育する側の視点であり、原点に子どもを置くこと、まず子どもの存在を考える必要があると述べている(『原点に子どもを』建帛社、1994年)。倉橋や大場に共通することは、子どもを権利の主体と認め、一人の人間として尊重していくことが保育の成立を支える最大の基盤であり、保育者の資質の根幹をなすという点である。すべての保育者が子どもの人権について自覚し理解を深めるために、園内外における研修機会の保障が必要である。子どもの権利条約を共通の指針とし、概念を統一し、実践現場で毎日の保育を見直していくことこそ、本来求められてきた保育であり、子どもの人権を保障した保育の具体化に繋がる。

　保育者の配置：たとえば、1歳3カ月頃から歩行と探索行動が始まるため、1歳児学級では、とくに安全面において保育者の神経が磨り減る。このような状態では、子どもの安全面に比重が置かれ、子ども一人ひとりの情緒的な面での保育的かかわりができにくい現実がある。現在、0歳児3人につき保育士1人、1・2歳児6人に1人、3歳児20人に1人、4・5歳30人に1人という配置基準が定められているが、身体的発達の著しい変化に応じ、一人ひとりに必要なかかわりのもてる保育者の配置見直しが望まれる。

　保育現場の可視化：子どもの人数を確認しないまま車内に置き去りにする、指しゃぶりを止めさせるためにからしを塗るなどの事件が相次ぐ背景の一つに、保育

現場の密室性がある。閉じられた空間の中での保育者は、時として子どもにとって権威的な存在となる危険性をもっている。保育現場を可視化することで、子どもの権利保障を実現していくことが必要である。

　最後に、2冊の本を紹介したい。1冊目は、本吉圓子先生の『私の生活保育論』（フレーベル館、1979年）である。乳幼児期に、どのように「自主性」「意欲」「思いやり」を養い、賢い子どもを育てていくかについて書かれたものである。保育にかぎらず、一つの哲学書として、「生きること」について考えさせられる。2冊目は、横川和夫・保坂渉氏の『ぼくたちやってない』（共同通信社、1992年）である。これは冤罪事件についてだけでなく、「教育とは」、「権利とは」、「自身の生き方とは」について考えさせられる書籍である。

傍聴、こころにハジマリをつくる

　　　　　　　　　佐々木光明（ささき・みつあき／神戸学院大学法学部教授）

　裁判から国会本会議・法務委員会等々、これまでさまざまに「傍聴」を経験してきた。また、種々の福祉・矯正施設や教育現場の授業参観なども含めて、お世話になった方々は数知れない。法学教育でもよくその必要性が説かれるが、裁判員裁判の開始を受けて、一般の人々の関心も高い。
　「傍聴」と、辞書をいくつかひくと「許可を受けて静かに聞くこと」、「当事者ではない立場で聞くこと」等と出てくる。説明からは静態的、客観的な印象を受け、正しいのだろうが、どうもしっくりこないと思う人もいるのではないだろうか。なんだか、傍観と大差のないような印象だ。
　常習的な下着ドロ（窃盗）事件やシンナー吸引青年の（毒劇法違反）事件で、執行猶予判決時に「更生を誓いますね」と付言する裁判官。きっといま彼に必要なのは、どこに行けばその手助けをしてくれるかの助言だろうと思ってしまう、隔靴掻痒の感。
　3度にわたった少年法改正の国会審議で、繰り返された強行採決。法務委員会委員長の改正賛成の諸君に起立を求めるの一声を機に、一斉に起立。少数の議員は埋もれた。その起立の勢いと小さなものをかき消す「固まり」のすさまじさに鳥肌が立った。ごく良識的な質問・議論を封じ、起立多数で事態を動かしていく、政治と立法の関わり。いったい誰のための立法なのか、落胆と疑問を深める契機

だった。

　また、小学生の性教育授業参観では、子どもをぐいぐい引きつける教師の技量の高さに感嘆し、一方で思春期の子ども問題や人間の性と生き方の関わりへの問題意識を高める刺激だった。

　「傍聴」では、自らの中の何かがゆり動かされることが多いのだ。それが何かは、時々で異なるからやっかいでもある。時に怒りであったり、問題意識への刺激だったり、人や事物への疑問だったりする。傍聴は、人のかたわらに立ち、相手に向かい合いつつ耳を傾けるからこそ、その声が我が身にさまざまに響くのだろう。

　この5月（2010年）、子どもの権利条約に基づく日本政府報告書審査がジュネーブの子どもの権利委員会（CRC）で行われ、傍聴する機会を得た。さまざまに、こころ沸き立つものがあった。

　今回は、1997年、2004年に続く第3回目の審査だ。第1回審査・勧告では、過度の競争的環境の中における子どもの成長について子ども期の喪失に関心が集まり、条約の理念の共有を制度的にも求められた。第2回審査・勧告では、子どもの権利の実体的内容とその保障のあり方についての積極的提示が行われ、「関係構築型（子どもの権利基盤型）アプローチ」による検証が求められている。そして今回、あらためて子どもの権利保障の具体的制度保証のあり方に関心が集まった。少年司法についても、少年法改正の見直しを条約の趣旨から迫るなど、日本政府のフォローアップへの取組みが注目される。

　ところで、権利委員会での傍聴はちょっとした忙しさもある。少年司法の問題に関して、何人かの委員に条約の内容と日本の課題との接点について情報提供することだ。条約に関わる少年司法における課題を焦点化し、レクチャーにあたった一人が書いたカワイイ絵入りの身柄拘束の手続図は、好評だった。受け身ではいられない傍聴、委員の問題意識への接近、政府委員へのこころのなかでの突っ込み満載傍聴、ここCRCでの傍聴は、アグレッシブでもある。また、さまざまな関心から見守る人々がいるだけに、こちらの身構えも拡がる。今回も、傍聴を機に、多くの国内NGOの人々や英国から駆けつけたという個人の方々と交流できた。つながる傍聴。

　今回、なかでも他の条約関連委員会に参加経験が豊富な国連NGOスタッフが、「他の国連委員会は、発言の枠時間等が決まっていて、意外にかちっとした形式で行われるんです」、CRCは「意外にやりとりする委員会ですね」と感想を漏らしていたが、実際、委員会での審査過程は傍聴者にとって、質疑を緊張感を持って聞けるのだ。第1回審査で、公式見解を述べるだけの日本政府代表団に一人の委員から「ここで必要なのはDialogue」だと、積極的対話を求められていたことからすれば、経験値をつんだ政府、少し進展があったのだろうか。関わ

りにふれる傍聴。

「関わりをもつ」こと、持とうとする姿勢の大切さは、権利条約の精神の中核でもある。日本政府が、審査の場面だけでなく、報告書自体の作成過程でNGOや子ども、政府機関の現場の人々との関わり、すなわち報告書作成への「参加」を検討するなど、あらたな模索へ発展していけばとも思う。おとなと子どものかかわり、世代間のかかわりは、信頼の契機でもある。ハジマリの傍聴。

人間、心に何かしらのハジマリがうまれるとき、それは「考える」「興味・関心」「希望」のきっかけではないだろうか。傍聴の場では、子どもの権利への権利委員会の想いを共有しようとする力がわくのである。あらためて、さまざまな場面での子どもの権利の実質をどう保障すべきか、想像力と行動への意欲を引き出す機会でもあった。

子どもの権利通信は、少年司法の現場の動き、そしてその担い手の弁護士たちの問題意識と活動をリアルに共有できる貴重な媒体だった。まさに紙上での傍聴体験をさせて頂いた。多くのことをまたそこで学んだ。

多くの人のこころに、ハジマリの芽を育んだことだろう……。

少年少女も読める、「少年えん罪事件」の典型的ケースとコミック・易しい本など

吉峯康博（よしみね・やすひろ／東京弁護士会）

最近大人の刑事事件では、真犯人が発見されたことによりえん罪が服役後晴れた富山・氷見強姦えん罪事件（2007年、柳原浩さん、国家賠償訴訟中）などが有名である。少年の場合も古く（1950年）から真犯人の発見・服役により、少年院出所後、無実が判明したケースが知られている。約60年の間に、一体どれだけ多くの少年がえん罪に泣いてきたのだろうか？　無実を晴らすのに、長い年月がかかるのは、少年にとっても余りにも苛酷である。現在でも、毎年100件前後の「無罪」（非行事実なし不処分）が家庭裁判所で判明している。一部「無罪」まで入れると、もっと多くのえん罪が存在している。日弁連「子どもの権利通信」には、あまり知られていないケースも含めて、実に数多くの少年えん罪事件のケース報告が掲載されている。「子どもの権利通信」1号〜104号は、34年間も発行し続け、合計3,478頁にもなる。弁護士のほかに研究者、家裁調査官などもずいぶん執筆している。なお、執筆料はすべて無料である。

以下、有名な、「古典」とも言える少年えん罪事件のケースなどを、少年少女にも読めるコミック・易しい本などを紹介することで若干整理し、なぜ少年えん罪事件は根絶できないのか、なぜ不法な捜査実務は変わらないのか、なぜ警察と検察は反省しないのか考察する。

1　東調布署怪盗団事件（1976年）

　共犯とされた4人のうち2人（当時16歳）は、3回の逮捕と2回の勾留観護措置で、96日間身柄拘束され、「自白」した窃盗事件は200件以上であった。捜査報告書によると被害金品は、現金2,000万円、指輪2,000個、時計500個、ネックレス100本など。

　この事件は先駆的・典型的な少年えん罪のケースであり、今や"古典"と言える。なぜなら、警察には、その所轄署内に「たまっている未解決の、迷宮入りしかかっている事件」の大半を、少年に押しつける傾向があり、この事件はその象徴的な例だからである。

　●「事件」朝日新聞東京本社社会部『未成年』（朝日新聞社、1978年〔絶版〕）123～182頁。820円、Amazon価格200円から（以下、本のAmazon価格は、2010年7月8日現在である）。高校生以上。

2　大阪老女殺人えん罪事件（1979年）

　1979年、駄菓子屋を営む老女が手で首を絞めて殺され、現金十数万円等が奪われた。約9カ月後、小学6年生の少年（男性、11歳、身長145cm）が「自白」したが、付添人活動により「非行事実なし」を獲得した。触法少年のケースである。

　●1981年3月1日付毎日新聞「小6男児の老女強殺『ぼく、やってない』家裁審理で矛盾点続出　違う指紋、身長超すタンス物色、体力以上の格闘……」の記事。中学生以上。

　●高野嘉雄「大阪老女殺し事件」（法学セミナー増刊『少年非行』〔日本評論社、1984年〕232～235頁）。高校生以上。公共の図書館にあるはず。

3　八王子暴走族事件（東京集団暴走事件、1981年）

　ある少年（身柄）は「逆送」（検察官送致）後「嫌疑不十分」で不起訴となり釈放された。アリバイの主張・立証をした付添人（中野比登志弁護士）の活動が優れていた。38人の被疑者少年（19人の運転者、19人の同乗者、実務上同乗者は立件されない）のうちの1人は少年院送致となり「再審」申立てで少年院から解放された。ある少年（在宅、都立高校生）は、アリバイの主張の裏付け捜査をまったくしない警察に対し、証拠を残すために、取調べの様子をマイ

クロカセットレコーダーで録音（約1時間）した。少年が取調べの様子をテープに録音したことは、この事件しかないと思われる。全国の警察署は「このような少年がいるので注意するように」との趣旨の張り紙を貼っていたという。テープの反訳書全文は法学セミナー増刊『日本の冤罪』（日本評論社、1983年）264～271頁を参照のこと。ごく一部を紹介する。

「警察：じゃ道場へ行くか？　道場いこう。チョトな、チョット聞くから。
（中略）
警察：なんでまだ否認すんのかよ。（略）
少年：でも僕は知りません。
警察：○○が言ってんだよ、ハッキリ。
少年：知りません。
警察：まだ否認するのか。
少年：はい。
警察：よし、いいな。これで鑑別所から少年院だぞ。逮捕されればだよ。送るよ。いいか。（略）一度逮捕されると全部載っちゃうんだよ。これはもう何年たったって消えないんだよ。少年の犯罪とはいえ消えないんだよ。（略）照合すれば名前と生年月日入れれば全部出ちゃうんだよ。何時・幾日逮捕、傷害、暴力行為……な。もうどうしようもないんだよ。何年たったって調べられりゃ一発で終わりなんだよ。この野郎はこんなことやってたのかって。どうしようもないんだよ。
（中略）
警察：走ってる中にいたんじゃねえか、この間。
少年：いません。
警察：いないの。
少年：はい。
警察：とぼけんのか。
少年：いませんから。
警察：はぁ、たいしたいいタマだな、おまえ。なぁ。いいたまだなぁ、なぁ。そんなこと言って通ると思ってんのか、おまえ。え？」

この事件の真実は12台の集団暴走行為であり、合計7台の水増し事件だった。「非行事実なし」不処分・「逆送」後不起訴の少年は7名だった。警察の捜査責任者は「先生の言う通りなら土下座しますョ」と当職に誓ったが、謝罪ひとつなかった。

●藤森研「元暴走族少年の"再審無罪"──少年事件捜査の問題点」（判例タイムズ460号45～48頁）。高校生以上。

●弁護実務研究会編『弁護始末記』12巻（国立印刷局、1984年）194～228頁。1,000円。
●塀内夏子著・吉峯康博監修「テープは語る」（コミック）『勝利の朝』（小学館、1993年〔絶版〕）165～194頁。税込500円、Amazon価格680円から。小学校低学年以上。この本の巻末には、ある少年の描いた警察の留置場の様子などを掲載。

4　柏の少女殺人えん罪事件（みどりちゃん殺し事件、1981～1987年）

　小学6年生の少女（11歳）が、小学校校庭で右胸と右手首を果物ナイフで刺され殺された事件で、少年（男性、14歳）は警察に取調べを受け、約3時間で虚偽の「自白」をし、少年院に送致された。付添人弁護士・若穂井透は、少年「再審」のヒントを八王子暴走族事件の新聞記事から得た。その活動により、少年院で無実を訴えた少年に対し、最高裁は「再審」の道を初めて認めた（1983年）。
●若穂井透『子どもたちの人権』（朝日新聞社、1987年）167～268頁。Amazon価格1円から。高校生以上。
●子どもの権利通信16号6頁、同18号35頁以下など。

5　綾瀬母子殺人えん罪事件（1988～1989年）

　1988年11月、白昼マンションで主婦と長男7歳が惨殺された。迷宮入り目前の約5カ月後、3人の少年（男性、15歳）が警察官に襟をつかんで押されたり、平手で顔を殴られたり、髪をつかんで壁にぶつけるなどされて虚偽の「自白」をし、逮捕された。1989年9月、9人の付添人弁護士の活動により「無罪」（非行事実なし不処分）が確定。ある少年は、検察官、裁判官に身に覚えがないと訴えたが聞いてもらえず、逆に警察に戻ったときに怒鳴られ殴られて、恐怖から自殺を図った（未遂）。警察のアリバイ証人に対する違法な補充捜査、3人の少年の最初の弁護人（1人）に少年の無実の話を聴く姿勢がまったくなく警察の立てた筋書を疑わなかったこと、警視庁は「無罪」後、捜査本部を直ちに解散し、真犯人を捜さなかったこと等の重大な問題があった。検察のこの捜査責任者は当職に「先生に少年の自白する様子をビデオに撮り見せたかった！」と語ったが、数年後には私に個人的に「悪かった」と謝罪した。
●判例時報1338号157頁以下、同1322号161頁以下。
●東京弁護士会少年事件部「綾瀬母子殺し冤罪事件が提起した問題点」法律実務研究5号99～236頁。
●横川和夫・保坂渉『ぼくたちやってない』（共同通信社、2009年〔3版〕）。Amazon価格200円から。小学校高学年から。少年えん罪事件を描いた

渾身のルポ。私の知っている小学生は、法務省読書コンクールで表彰された。最近のフランスの改革のように、身柄少年（約15,000人）の取調べ＝密室の全面可視化（取調べの全過程の録画・録音）の早急な実現が望まれる。

著者は、積み上げると2メートル近くもある刑事記録を熟読し、少年や犯罪被害者の方から話を聞くなど、さまざまな取材を重ねてこのルポを書いた。「本書はまた、私達弁護士に対して、刑事弁護はどう行うべきかを客観的に示してくれる書でもある。新人弁護士はもとより、刑事弁護を手がけようとする者は一読すべきだ」（五十嵐二葉、自由と正義1992年8月号158頁）。また、ルポが弁護団の各人の生き方、「何故弁護士になったのか？」を具体的かつオムニバス風に描いているのも特徴である。

●堺内夏子作画、吉峯康博・木下淳博・須納瀬学監修『勝利の朝』（小学館、1993年〔絶版〕）1～164頁。小学生低学年から。作画者は、約150冊作品を描いているメジャーな漫画家である。『ぼくたちやってない』のコミック版だが、上記同様緻密な取材で描いた傑作である。えん罪や人権を考える教材として授業で使用した教師もいる。私の知人である若手弁護士は、中学生のとき、公立中学校の図書館でこのコミックを読み感動し、司法試験を目指すきっかけになったそうである。子どものケースも大人のケースでも、ルポとコミックの両方があるえん罪事件は、他にはないだろう。子どもたちにも少年えん罪を理解してもらうためには、このコミックは大変有効と思われる。研究者などからも、再版してほしいとの声が多く挙がっている。

●「綾瀬母子強盗殺人事件——少年審判の実務」若穂井透・福島瑞穂ほか『少年事件を考える——女・子供の視点から』（朝日新聞社、1989年）4～89頁。税込1,407円。この本は対談集でありきわめて読み易くレベルが高い。中学生以上。

6　草加事件（1985～2003年）

1985年に発生した女子中学生殺害事件（いわゆる「草加事件」）では、少年らは「無罪」（非行事実なし不処分）を主張し最高裁まで争ったが、「有罪」となった。その後死亡した被害者の遺族が提起した民事訴訟が、元少年らがえん罪を晴らすための場として機能した。2003年に民事裁判で少年側が勝訴し「無罪」が確定。えん罪を晴らすのに約18年もかかった。

●清水洋・上田信太郎・山口直也「草加事件／少年事件研究会レポート11」（法律時報63巻3号）。高校高学年以上。

● 子どもの権利通信 27 号 2 頁、同 58 号 32 頁以下、同 65 号 30 頁以下、同 85 号 25 頁以下など。

7 調布駅南口集団暴行事件（1993～2001年）

この事件は、日弁連少年法「改正」対策本部を引き継いだ子どもの権利委員会のレーゾン・デートル（存在理由）を問うものであるだけに、個別事件への支援を超えた取組みがなされ、子どもの権利通信 66 号、67 号、69 号などで、特集された。

● 荒木伸怡「調布駅南口事件に関与して」（子どもの権利通信 78 号 33～35 頁）。高校生以上。

8 山形明倫中マット死事件（1993年～現在）

少年審判、民事訴訟で 7 人の元生徒・弁護団等はえん罪を晴らす活動に約 17 年も取り組み、現在も続けている。

● 北澤毅・片桐隆嗣『少年犯罪の社会的構築――「山形マット死事件」迷宮の構図』（東洋館出版社、2002 年）。税込 2,940 円。高校生以上。社会学者が約 9 年間のフィールドワークに基き書いた力作。少年たち、付添人弁護士、当時の明倫中学校の教員や在校生、当時の捜査を担当した警察官、有平くんの父親児玉昭平さん（児玉昭平『被害者の人権』小学館文庫、1999 年、税込 479 円）など関係者にていねいなインタビューをし、客観的な立場から書かれている。

● 子どもの権利通信 60 号 6 頁以下、同 65 号 32 頁以下、同 67 号 34 頁以下など。

最近の少年えん罪事件はどうなっているだろうか？

9 御殿場事件（2001年～現在）

静岡県御殿場市の公園で、2001 年 9 月夜、少女（当時 15 歳）を集団でレイプしようとしたという被害者の証言のみで犯罪とされ、10 人の少年（当時 16～17 歳）が強姦未遂で逮捕された事件。捜査段階で少年 10 人は「自白」し、当時の天気の状況やアリバイ等も無視された。訴因のうち、犯行日が途中で 1 週間も変更されたにもかかわらず、「有罪」となった。

● 寺尾絢彦「御殿場（少年）事件について」（子どもの人権研究会会報「子どもの人権」50 号〔2010 年〕所収）。高校生以上。なお、寺尾絢彦論考に家庭裁判所の裁判官が少年に語りかけた珍しい審判書（決定）（家裁

月報 28 巻 1 号 99 〜 103 頁、同 28 巻 8 号 115 〜 117 頁）が紹介されている。
　●若松智「コミック御殿場事件」冤罪Ｆｉｌｅ（実録コミックスペシャル）2009 年 9 月号 41 〜 70 頁。税込 600 円。高校生以上。

10　大阪地裁所長襲撃事件（2004 〜 2008 年）

　2004 年 2 月夜、徒歩で帰宅中の大阪地方裁判所の所長（当時）が、若者の集団に襲撃されて、現金 63,000 円を強奪されたうえ、骨盤骨折などで全治 2 カ月の重傷を負った。強盗致傷容疑で少年 2 人（14 歳、16 歳）が逮捕され、事件当時 13 歳だった少年 1 人は補導されて、事情聴取を始めたその日のうちに「自白」した。真犯人は見つかっていないし、捜査もまったく行われていない。
　●一ノ宮美成『自白調書の闇——大阪地裁所長襲撃事件「冤罪」の全記録』（宝島社、2009 年）。税込 1,299 円。人質司法とえん罪の関係を克明に描くノンフィクション。高校生以上。

その他、少年えん罪などに関する基本文献（高校生以上）

① 『新版付添人活動のマニュアル』（日弁連子どもの権利委員会、2003 年）16 頁、20 〜 25 頁、59 〜 83 頁、134 〜 138 頁、「付添人活動経験を通じて」26 〜 56 頁など。税込 1,600 円。必読。
② 服部朗・佐々木光明編著『ハンドブック少年法』（明石書店、2000 年）371 〜 422 頁（14 章「少年の冤罪事件」）。税込 3,990 円。
③ 日弁連「全国付添人経験交流会報告集」（平均約 250 〜約 270 頁）第 1 回（1990 年）〜第 20 回（2010 年）。
④ 必ずしも少年えん罪ではないが、前記会報「子どもの人権」第 48 号（2008 年）84 〜 88 頁に「子どもの権利・子どもの人権のための平易な基本文献ベスト 100」として、22 冊の本が中・高校生にも十分読めると紹介されている。
⑤ 上野勝・山田悦子編著『甲山事件　えん罪事件のつくられ方』（現代人文社、2008 年）。事件（保母の山田悦子さんは当時 22 歳）から裁判が終わるまでに約 25 年かかった。「裁判員裁判では甲山事件はどうなるか」（座談会）がついている。福祉の貧困が生んだ、養護施設の子どもたちの死亡「事故」を、職員による殺人事件にすり変えたのは警察と検察である。税込 2,100 円。

おわりに——警察・検察の二重の犯罪性

少年えん罪事件には驚くほどの共通点がある。

2010年5月、国連・子どもの権利委員会（Committee on the Rights of the Child ＝ CRC、子どもの権利通信77号1〜7頁、ARC平野裕二「国連・子どもの権利委員会の動向」参照）において、子どもたちも参加した第3回日本政府報告書審査が行われたが、そのCRCの「総括所見」84項では「自白の強要及び不法な捜査実務が行われていることを遺憾に思う」と述べ、日本における少年えん罪事件の存在、自白の強要および不法な捜査実務の存在をCRCは初めて認めた。

少年えん罪事件は、警察と検察の「犯罪」である。少年えん罪事件に巻き込まれた少年少女に対する「犯罪」と言えるだけでなく、真犯人を捜査しないことは、犯罪被害者と社会に対する「犯罪」でもある。

子どもの権利通信（少年法通信）
1〜104号　目次

※1〜56号まで「少年法通信」、57号から「子どもの権利通信」に改称されました。

1号　1976年1月23日
「少年法通信」

少年法「改正」対策本部 第1回会議開かれる	1
対策本部発足前後の経過と日程	1
少年法「改正」対策本部 第1回会議審議経過報告	2
日弁連推せんの法制審議会 少年法部会員委員・幹事総辞任	4
少年法「改正」対策本部委員 (50・1・19)	6
少年法「改正」問題で投書が 寄せられる	7

2号　1976年4月1日

各界への要請行動はじまる	1
対策本部活動日誌	3
少年法「改正」反対についての 要請書	4
第2回対策本部(2・24)審議経過報告	5
第3回対策本部(3・29)審議経過報告	7

3号　1976年8月16日

「改正」反対強化のため 対策本部組織拡充を決定	1
対策本部活動日誌	2
第27回日弁連総会における 第2決議	4
5・8シンポジウム	5
5・29東京集会	6
13団体が日弁連へ要請(7・10)	7
少年法「改正」反対についての要請	7
第4回対策本部(4・17)審議経過報告	8
第5回対策本部(5・10)審議経過報告	9
第6回対策本部(5・18)審議経過報告	11
第7回対策本部(6・21)審議経過報告	12
第8回対策本部(7・14)審議経過報告	13

〈資料〉

審議会等の設置および運営について	16
夏期合宿要綱	18

4号　1977年1月20日

今年は少年法「改正」阻止を かちとる年にしよう	1
少年法改正阻止の取り組みに ついてのお願い	2
少年法「改正」反対についての 要請書	6
法制審少年法部会中間報告を 決める	9
法制審議会少年法部会における 中間報告	9
法制審議会少年法部会の 「中間報告」に関する社説	12
法制審議会　委員・幹事名簿	14
少年法改悪に反対する連絡会議 結成され運動を開始する	15
少年法部会委員・幹事の 復帰・推薦問題の経過	18
対策本部活動日誌	26

5号　1977年5月20日

本年度本部構成と活動計画を確定!!	1
法制審議会の動向	5
神戸ニュース1号より	6
各界の批判すすむ！	7
対策本部活動日誌	7

6号　1977年8月10日

法制審答申を強行！ 各地で意思表示と要請のとりくみを 強めよう	1
拡がる「改正」阻止の運動	20
対策本部活動日誌	24

7号　1978年2月10日	
「改正」阻止への決意を新たに!! 任期満了による新対策本部スタート	1
確認された本部の機構ならびに 運用方針	2
月間前後のとりくみの報告	3
本年度の活動について	4
対策本部活動日誌	17
第20回人権擁護大会で 「改正」阻止の決意	19
12・10日弁連 少年法シンポジウムの報告 教育の現状と少年法「改正」を考える	20

8号　1978年6月20日	
第4回正副本部長会議 議事要旨(2・8) 弁護人ぬき裁判特例法阻止運動と 連携した闘いを確認	1
第18回対策本部全体会議 議事要旨(4・12) 昭和53年度の活動はじまる	3
第6回正副本部長会議 議事要旨(5・9) 4・22東京集会の成功、 各地の取組も活発化	4
第19回対策本部全体会議 議事要旨(6・14) 九弁連、中部弁連、中国弁連において ブロック連絡会議開催決定	5
4・22東京集会報告	5
各地における少年法「改正」 反対運動取組みの実践例	6
対策本部活動日誌	19

9号　1979年5月15日	
本年度の本部体制と活動方針確定	1
弁護人抜き裁判特例法 阻止運動との連携を	3
国際児童年のとりくみと連携を	3

アンケート作戦の展開を	6
対策本部活動日誌	13

10号　1980年1月22日	
昨年の成果を引きつぎ新しい年を 「改正」阻止の年にしよう	1
各地で活発なとりくみ 少年法「改正」反対運動月間の とりくみ状況	3
国際児童年にあたって子供の人権 と少年法「改正」を考える集会	4
ブロック定期大会で決議 少年法「改正」反対・家裁の充実など	6
ブロック連絡協議会開かれる	7
昭和54年度夏季合宿の報告	9
委員・幹事の辞表提出と 再推薦問題の経過	13
対策本部活動日誌	23

11号　1980年5月28日	
本年度の本部体制決まる	1
秋にむけて会内の結束を深め 地道なとりくみを! 活動方針と当面の活動	1
「協議」をどう考えるか まず担当委員会で論点を整理し、認識を 共通にして、全会員のコンセンサスを	3

12号　1980年11月5日	
「改正」阻止のとりくみ強化を 反対運動月間始まる	1
「協議」問題の討議について 討議のための論点整理	2
昭和55年度 少年法ブロック連絡協議会報告	6
昭和55年度夏期合宿報告	15
少年法「改正」対策本部活動日誌	18

13号　1981年8月10日

新しい正副本部長と 新しいとりくみの方針決まる	1
活動方針(56・4・7) 少年法「改正」対策本部	2
〈昭和56年度施設見学報告〉	
日生学園第二高等学校	4
尾鷲中事件懇談会	6
豊ヶ岡農工学院	8
相次ぐ校内暴力への警察介入	10
5月統一行動、各地で 精力的なとりくみを展開	12

14号　1981年10月31日

進む事態に備え11月月間を 成功させよう	1
意見書づくりすすむ 年内に完成の予定	2
少年法意見書(案)に対してブロック 協議会・各会より提出された問題点	3
8月合宿での意見書をめぐる 討議(概要)	11
対策本部活動日誌	37

15号　1982年8月20日

今年度の本部体制決まる	1
昭和57年度活動方針	2
進む意見書の作成作業	4
少年法「改正」問題についての 意見書目次	5
非行と少年法問題研究会のあゆみ	10
元警察官の「指導センター」と 「問題行動児リスト」 教育・人権上問題はないか	11
ブロック連絡協議会報告	13
対策本部活動日誌	19

16号　1982年11月25日

11月行動月間を中心に 「改正」阻止運動の強化を！	1
夏期合宿報告	2
少年に対する人権侵害事件の紹介	5
〈資料1〉	10
『少年法「改正」反対 全国統一行動月間について(依頼)』	
〈資料2〉	11
『少年保護事件の記録の開示に ついて──抄』	

17号　1983年7月1日

今年度の本部体制決まる	1
昭和58年度活動方針	2
ブロック連絡協議会開催される	4
夏期合宿の日程決まる	7
パンフレット小委員会発足	8
昭和57年度施設見学について	8
各地の活動	10
非行と少年法問題研究会 第9回・第10回例会について	10
〈資料1〉	12
「少年保護事件の付添人扶助制度 について」	
〈資料2〉	14
「大阪家裁におけるインテーク制と 調査官管理強化について」	
活動日誌	17

18号　1984年5月1日

ブロック連絡協議会開催報告	1
昭和58年度夏期合宿開催さる	16
昭和58年度施設見学について	21
少年問題についての相談活動 実施の機運たかまる	23
各会・各ブロック活動状況報告	31

非行と少年法問題研究会 例会(11・12回)報告	32
〈資料1〉 柏市少女刺殺事件 最高裁決定(58・9・5)	35
〈資料2〉 流山中央高校放火事件 最高裁決定(58・10・26)	38

19号　1985年8月15日

少年法の正しい発展を望む 世論づくりで「改正」阻止の展望を！	1
昭和60年度活動方針	3
人権シンポの準備進む 大会宣言(案)提起	7
夏期合宿のテーマ決まる	12
モデル試案チームの意見書検討進む 合宿明けに結論を	15
犯罪予防・犯罪者処遇国連会議へ 三井副本部長・須網幹事を派遣 少年法の正しい発展を望む世論形成に 寄与が期待！	29
「32年目の真実」7・12集会 権力による犯罪を糾弾！ 少年も犠牲にした検察・裁判	29

20号　1985年11月13日

夏期合宿成功 当面の課題での合意と新たなとりくみ の決意を形成	1
子どもの人権の視点からみた 「学校規則」「生徒心得」のあり方	2
少年法の拡散現象と少年の人権	6
少年事件処理要領モデル試案を めぐって	8
各単位会のとりくみについて (少年相談・「意見書」普及等)	18
ケース研究 (新潟県大鷲中学校放火事件)	23
昨年のとりくみをふりかえって	24

少年法「改正」答申に関する 意見書の公表を了えて	25
風俗営業法等取締法の一部を 改正する法律案に関する要望書	28
改正された「風俗営業等の規制及び 業務の適正化等に関する法律」の下 位法令の整備ならびに運用に関する 要望書	34
「風俗営業等の規制及び業務の 適正化等に関する法律」の施行に 関する意見書	54
会長談話	65
衆議院地方行政委員会における 附帯決議	65
参議院地方行政委員会における 決議	67
昨年度ブロック連絡協議会から	69

21号　1985年12月25日

人権シンポ・人権擁護大会 開催される	1
学校生活と子どもの人権に関する 宣言	3
提言	4
第7回国連犯罪防止会議報告	5
少年司法運営に関する 国連最低基準規則	9
第1部　総則	9
第2部　捜査及び訴追	11
第3部　審判と処遇	12
第4部　施設外処遇	13
第5部　施設内処遇	14
第6部　調査・計画・政策立案・評価	15

22号　1986年2月28日

千葉にも「少年問題法律相談」開設！	1
第28回人権擁護大会報告集会報告	2
日教組・高教組の 教育研究全国集会に参加して	3

名古屋からの報告	5
日弁連「少年法『改正』答申に関する意見」についての刑事法学者との懇談会結果報告	5
教育法学者との懇談会開かれる	6
附添人体験記	9
第7回国連犯罪防止会議報告(2)	16

23号　1986年3月31日

この1年をふりかえって	1
最高裁「モデル試案」に関する意見書公表される!	3
少年事件処理要領モデル試案に関する意見	4
少年法「改正」問題九州ブロック協議会(於那覇市)議事抜粋	17
〈資料1〉	19
家裁(制度)変質の実態〈全司法労組沖縄支部〉	
〈資料2〉	23
那覇家裁における実情〈家裁統計・県警本部〉	
附添人(弁護人)活動に関するアンケート中間報告	24
丸刈り訴訟判決について	25
各単位会活動紹介	29

24号　1986年4月30日

少年法「改正」対策本部の設置要綱の一部改正及び「学校生活と子どもの人権に関する宣言」の執行に関する小委員会設置について	1
「子どもの人権救済窓口」各地で開催	2
昭和60年度少年法「改正」問題ブロック連絡協議会報告	6
〈憲法学者との懇談会のまとめ〉	14
名古屋弁少年法「改正」阻止実行特別委員会	

「いじめ」など問題行動克服の教育実践交流集会(西日本)報告	16
附添人体験記	18
〈各単位会活動紹介〉	20
和歌山／大分県	

25号　1986年6月20日

昭和61年度少年法「改正」対策本部活動方針決定する!	1
昭和61年度活動方針	3
講演「人権観念と未成年者」	11
「"いじめ"など問題行動克服の実践交流東日本集会」(日教組)に参加して	19
附添人体験記	21
第38期司法修習生少年事件研究会報告	26
「非行と少年法問題研究会」報告	29
各単位会活動紹介	30
講師派遣	30

26号　1986年8月10日

昭和61年度夏期合宿の日程決まる!	1
ブロック連絡協議会各地で開催される!	3
〈体験記〉	8
父母の力を集め体罰を追放	
「子どもの人権」に関する連続講演開催される!	11
ある少年事件の裁判劇	12
非行と少年法問題研究会例会報告	13
〈資料〉	17
㈳自由人権協会「人権新聞第252号」抜すい病んでいるのは誰か？前近代的な「規制社会＝学校」	
〈各単位会活動紹介〉	25
大阪／福岡県	

27号　1986年10月10日

昭和61年度夏期合宿開催さる！	1
夏期合宿参加感想記	9
〈ブロック連絡協議会報告〉	14
九州／中国地方／北海道	
〈附添人体験記〉	18
校内暴力事件の附添人になって	
非行と少年法問題研究会 例会報告	23
第5回「子どもの人権と体罰を 考える全国シンポジウム」報告	27
〈投稿〉	28
ニューヨークの少年法弁護士	

28号　1986年12月20日

〈ブロック連絡協議会概要報告〉	1
近畿ブロック／四国ブロック	
附添人活動マニュアル改訂版の 刊行について	4
「子どもの人権救済手引書」 完成近づく！	5
「子どもの人権救済手引書」レジメ	5
少年法「論点パンフ」の執筆・討議 開始される！	7
「附添人(弁護人)活動に関する アンケート集計結果報告」 理事会で承認される！	8
〈各地の活動状況紹介〉	9
福岡県／山口県／岡山／東京／ 群馬／仙台／札幌	
子どもの人権救済活動体験記	18
非行と少年法問題研究会 例会報告に関するコメント――その1	23
非行と少年法問題研究会 例会報告(第24回)	28
第27回「日本児童青年精神医学会 総会」の報告	30

29号　1987年3月10日

『子どもの人権救済の手引』完成	2
東京家裁、最高裁モデル試案を受け 「少年部事件処理要領(1)」を 策定施行	4
「自由と正義」昭和62年6月号が 「子どもの人権」特集号となる	5
附添人体験記	7
「東京ファミリーカウンセラー協会」 設立の動き	9
〈各地の活動状況紹介〉	10
名古屋弁護士会／福岡県弁護士会 ／横浜弁護士会	
第40期司法修習生の活動紹介	13
『非行と少年法問題研究会報告』 に関するコメント――その2	15
『非行と少年法問題研究会』 例会案内	19
子どもの人権救済に関する 各単位会の相談機関	20
少年保護事件における 附添人扶助実施状況	22
子ども人権連"87子ども人権宣言"を 5・26集会で企画	23
「新風営法」資料集3月末完成 とりくみや実務に活用を	23
〈文献紹介〉	24
「少年保護事件における 職権証拠調べ」	

30号　1987年4月30日

ごあいさつ 　　　日弁連副会長　莇立明	1
「東京家庭裁判所本庁 少年部事件処理要領(1)」(全文)	2
◎資料1	13
「家庭裁判所少年事件処理要領」 作成に関する全国状況について (その1)	

◎資料2　　　　　　　　　　　　　　14
「家庭裁判所少年事件処理要領」
作成に関する全国状況について
（その2）

◎投稿　　　　　　　　　　　　　　15
東京家庭裁判所『処理要領』問題に
ついて
　　　　　　　　　　　　木下淳博

〈各地の活動状況紹介〉　　　　　　17
大阪弁護士会／福岡県弁護士会／
京都弁護士会／第一東京弁護士会

〈附添人体験記〉
「少年交通冤罪事件」　　　　　　　26
　　　　　　　　　　　　須納瀬学

「少年院と親の死に目」　　　　　　31
　　　　　　　　　　　　大谷恭子

H社事件について　　　　　　　　　34

『非行と少年法問題研究会』　　　　37
例会報告（25・26・27回）

『非行と少年法問題研究会　　　　　43
例会報告』に関するコメント――その3
　　　　　　　　　　　　片山等

少年非行無料相談の実施状況　　　　22
（二弁）

東京家庭裁判所本庁少年部　　　　　25
事件処理要領についての
東京家裁の説明会（第1回・第2回）

東京家裁支部司研25周年　　　　　　30
記念集会に出席して

全司法第8回全国調査官集会に　　　31
参加して

大阪「体罰と管理教育を考える会」　32
例会報告

「少年問題無料相談」報告（神戸）　35

金沢弁護士会　　　　　　　　　　　41
「子どもの人権相談センター」の
実施状況についての報告

弁護士会の「子どもの人権」論に　　43
ついての覚書

各地で続々窓口開設・　　　　　　　48
名古屋では電話相談も開設

附添人体験記　　　　　　　　　　　52

昭和62年度ブロック協議会日程表　　54

31号　1987年7月31日

昭和62年度少年法「改正」対策　　　1
本部の活動方針決定

「非行と少年法問題研究会」　　　　2
例会開催案内

非行と少年法問題研究会　　　　　　11
例会報告に関するコメント――その4
　　　　　　　　　　　　片山等

報告記　　　　　　　　　　　　　　15

昭和62年度夏期合宿日程きまる　　　15

日弁連少年法「改正」対策本部　　　18
各シンポ・研究会・学習会・集会等へ
の出席報告

「少年事件処理要領」策定の　　　　19
全国状況

〈各地の活動状況紹介〉
第9回「子供の人権を考える集会」　22
に参加して

32号　1987年10月31日

昭和62年度夏期合宿開催される　　　1

◎合宿第1日目（8月23日）

少年事件処理要領策定の実情と　　　2
問題点

具体的なケースにみる最近の　　　　4
少年審判の実情

附添人活動のマニュアル改訂版の　　6
作成状況

最近の判例・論文にみる少年審判の　6
問題点

山口幸男日本福祉大学教授講演　　　9

討論　　　　　　　　　　　　　　　10

◎合宿第2日目（8月24日）

各地の子どもの人権救済活動　　　　11
の経験交流

各地の相談活動の現状と困難点、会としての問題点を克服する方法の意見交換	16
触法少年をめぐる問題	18
夏期合宿参加感想記	19
附添人体験記	27
各地の活動状況紹介	35
シンポジウム開催のお知らせ	34
北海道ブロック連絡協議会概要報告	38
「日本生活指導学会」に参加して	40
〈文献紹介〉	43
「新風営法に関する資料集──適正な運用と見直しのために」本年7月完成	
非行と少年法問題研究会第28回例会報告	44

33号　1987年12月25日

第30回人権擁護大会において「少年事件処理要領に関する決議」満場一致で採択される	1
昭和62年度ブロック連絡協議会開催報告	5
大阪家庭裁判所と大阪弁護士会との懇談会報告	27
〈附添人体験記〉	
少年事件における要保護性と福祉の狭間で　勝木江津子	31
報告書（118番事件）　黒岩哲彦・岡慎一	34
〈投稿〉	
バイク訴訟（退学処分）　田中三男	41
少年を裸にした警察の違法捜査と人権侵害　鍬田萬喜雄	43
〈各地の活動状況紹介〉	
附添人実務研修会開かる　八尋八郎	45

第2回シンポジウムに向けて	47
東京家裁少年事件処理要領についての東京弁護士会の意見書の執行終る	48
永井憲一「学校の規則制定権・校則を考える視点から」　片山等	49
お知らせ	55

34号　1988年3月31日

「家庭裁判所少年事件処理要領」に関する各地からの状況報告	1
仙台家裁との「処理要領」をめぐる懇談会報告	2
福岡家裁との協議会	4
名古屋家裁との協議会	5
〈特別寄稿〉	8
静岡安東中体罰事件判決について　高野範城	
〈各地の活動状況紹介〉	10
千葉弁護士会／山形県弁護士会／静岡県弁護士会／横浜弁護士会／大阪弁護士会／福岡県弁護士会	
〈附添人体験記〉	
泉南暴走事件にみる捜査の実態　野仲厚治	22
泉南暴走族事件　長岡麻寿恵・岩嶋修治	27
某暴走族グループ事件　高瀬桂子	28
〈ブロック連絡協議会報告〉	31
中国ブロック／四国ブロック	
日弁連少年法「改正」対策本部会議（全体委員会）報告（62・12・8／63・3・8）	35
「子どもの人権と家庭裁判所を語る集い」報告　森和雄	41
お知らせ	44
「非行と少年法問題研究会」例会『子どもと警察に参加して』　村田光男	45

「非行と少年法問題研究会」	45
例会報告(29回／30回)	

35号　1988年5月31日

昭和63年度少年法「改正」対策 本部の活動方針・本部体制確定	1
本部長退任にあたり 　　　　　　　　　　安原正之	10
『家裁シンポ』におけるパネリスト (若穂井弁護士)発言	11
国際人権シンポジウムの準備すすむ	14
市民的及び政治的権利に関する 国際規約第40条に基づく 日本政府第2回報告に関する意見	19

〈各地の活動状況紹介〉

違法な顔写真撮影に 東京弁護士会が警察に勧告 　　　　　　　　　　梶原和夫	22
東映映画"飛べない翼"を見る 　　　　　　　　　　木下淳博	23
第40期司法修習生 「少年問題研究会活動報告」 　　　　　　　　　　小島滋雄	24
「子どもの人権の国際的保障」 学習会の要旨 　　　　　　　　　　喜多明人	26

〈各地の家裁との協議状況報告〉

浦和家庭裁判所本庁少年部 事件処理要領についての説明会 　　　　　　　　　　福地輝久	29
広島家庭裁判所と 広島弁護士会との懇談会報告 　　　　　　　　　　畠山勝美	30
少年部事件処理要領に対する 意見書執行の件 　　　　　　　　　　柚木司	32
警視庁町田署 少年逮捕事件について 　　　　　　　　　　石川邦子	33
子どもの人権救済活動の体験記 　　　　　　　　　　八尋八郎	34

〈特別寄稿〉	36
米国ロールクールにおける 「子どもの権利」についてのゼミ 　　　　　　　　　　須網隆夫	
永井憲一「学校の規則制定権 ――校則を考える視点から――」その6 　　　　　　　　　　片山等	40
「非行と少年法問題研究会」 例会報告(第31回)	46

36号　1988年8月20日

少年司法運営に関する 国連最低基準規則	3
大阪公務執行妨害等捏造事件 　　　　　　　　　　三上孝孜	21
抗告審にて原決定が取り消された 一事例(重大な事実の誤認)	28
子どもの人権侵害事件に対する 弁護士会人権擁護委員会の 救済のあり方についての諸問題 　　　　　　　　　　山崎真秀	30
奈良弁護士会からの 体罰に関する報告	31
講和「子どもの人権について」 　　　　　　　　　　八尋八郎	35
丸刈等校則問題(資料1、2、3)	36
制服にかかわる事件をとおして 　　　　　　　　　　石川邦子	43
「子どもの人権110番」(東京弁護士会) 相談事例についての報告	47
あるいじめの事件で学んだこと 　　　　　　　　　　児玉勇二	51
N高校自主退学事件(資料1、2) 　　　　　　　　　　村田光男	56
静岡県立A高校自主退学強要事件 　　　　　　　吉峯康博・木下淳博	59
◎参考資料	65
福岡H工業高校退学処分事件	
「バイク禁止校則訴訟」について 　　　　　　　　　　山原和生	69
修徳高校パーマ退学事件 　　　　　　　　　　岡慎一	70

内申書に関する資料	90
◎参考資料	95
要請書 (鹿児島県弁護士会人権擁護委員会)	
〈各会活動報告等〉	96
釧路／札幌／青森県／仙台／埼玉／横浜／島根県／第二東京／秋田／岡山／広島／名古屋／福岡県	
近畿ブロック活動報告	113

37号　1988年11月1日

昭和63年度夏期合宿 ケース研究など熱心に討議	1
「少年事件処理要領策定の各地報告と対応策」(拡大委員会その(1))	2
少年事件処理要領を考える	4
「少年司法(含子どもの人権)の国際動向」	7
少年審判ケース研究「X高校事件」	10
内申書と子どもの人権	20
弁護士会の子どもの人権救済のあり方 救済センター及び人権委員会の 人権救済事例を素材として	21
「学校関係裁判の動向と課題」	24
弁護士会及び対策本部の今後の 方針等(拡大委員会その(2))	28
ご挨拶　　　　本部長　阿部三郎	29
対策本部を担当して 　　　　担当副会長　鷲見弘	31
◎夏期合宿参加感想記	
少年への熱き思い溢れる 少年法夏期合宿に参加して 　　　　　　　　　高見澤昭治	32
夏期合宿に参加して 　　　　　　　　　倉岡憲雄	33
日弁連の合宿に参加して 　　　　　　　　　蛯名敬子	33
日弁連少年法合宿感想記 　　　　　　　　　富士磨里子	34

少年法「改正」対策本部 夏期合宿を終えて 　　　　　　　　　立石雅世	36
夏期合宿に参加して 　　　　　　　　　海老根遼太郎	36
昭和63年度夏期合宿によせて 　　　　　　　　　薄金孝太郎	37
合宿(ケース研究)についての感想 　　　　　　　　　出口治男	39
夏期合宿に参加して 　　　　　　　　　牧浦義孝	40
《講演と交流の集い》 『谷昌恒北海道家庭学校長を囲んで』	40
〈学習会〉	51
シンポジウム 「学校生活と子どもの人権」 静岡県弁人権擁護委員会主催	
北から南から 　　　　　　　　　真境名光	58
〈付添人体験記〉	59
触法少年の人権 荻窪窃盗触法冤罪事件を通して	
ブロック連絡協議会日程ほぼ決まる	67

38号　1989年3月1日

〈ブロック連絡協議会報告〉

1	東北ブロック	2
2	中部ブロック	6
3	中国ブロック	8
4	四国ブロック	10

少年事件処理要領の説明会について 　　　　　　　　　小野允雄	12

〈各地の活動状況〉

1	子どもの人権相談 　　　　　　笹森学		13
2	福岡弁護士会の活動状況 　　　　　　八尋八郎		15
3	法の日週間記念行事 パネルディスカッション 　　　　　　川上明彦		16

4　警察、中3を泥棒扱い	18
横浜弁護士会	
「登校拒否を考える緊急集会」に参加して	21
石井小夜子	
《講演と交流の集い》	23
「谷昌恒北海道家庭学校長を囲んで」(その2)	
「非行と少年法問題研究会」例会報告(第32回〜第34回)	34
〈資料〉	43
東京家庭裁判所本庁少年部事件処理要領(4)	
〈投稿〉	57
非行防止・少年補導はいつも適切か	
松田宣子	

39号　1989年5月30日

〈特集　附添人活動、体験記、要望書、警告書など〉

鑑別所技官より"少女の心身の状態"について説明を断られたこと	2
畠山勝美	
宇部の放火「無罪」事件	5
内山新吾	
ある登校拒否に係わって	7
中村史人	
附添人の体験から	8
今重一	
「内申書」の開示を求めて	10
児玉勇二・末吉宜子	
山形県寒河江市立陵東中の文化祭劇中止人権侵害申立に関わって	14
脇山淑子	
自然と生命への素直な感動が子どもを大きく育てた	15
陵東中学校文化祭テーマ劇中止事件に関与して	
藤原真由美	
◎資料	
報告書	20
山形県弁護士会人権擁護委員会	

足立区立中学校で発生した教師体罰事件に関する要望書	34
東京弁護士会	
群馬県富岡警察署司法警察員等による少年暴行事件に対する警告書	36
昭和天皇の黙禱強制等に関して日弁連会長宛の要望書	37
『申し入れ書』弁護士有志448名	39
1988年度北海道ブロック連絡協議会報告	40
塚田渥	
1988年度九州ブロック連絡協議会に参加して	41
中山栄治	
1988年度関東ブロック連絡協議会報告	44
山田由起子	
東弁『子どもの人権110番』3周年の集いの報告	51
小笠原彩子	
非行と少年法問題研究会例会(第35回)報告	52

40号　1989年6月30日

1989年度少年法「改正」対策本部の活動方針・本部体制確定	1
就任にあたって	6
小山齋	
一連の少年事件報道等について日弁連会長が談話	7
「最高裁第2次モデル試案の分析——各地の少年事件処理要領を検討するための視点」が完成	8
愛知県岡崎市立中学校の「丸刈り」校則に関する名古屋弁護士会の勧告書	9
近畿ブロック協議会報告	12
パネルディスカッションでの子ども達の発言	13
福本康孝	

〈見学記〉	25
有明高原寮を訪ねて	
後藤仁哉	
少年保護事件附添人扶助制度の 実施状況	26
長野県でもスタート	
〈附添人体験記〉	27
附添人の苦悩と喜び	
神谷信行	
日弁連アメリカ少年問題 視察団だより	29
貴重な体験	30
齋藤豊治	
ニューヨーク学校事情印象記	31
藤木博顕	
多様なアメリカ	33
藤木邦顕	
アメリカ合衆国とニュー・ヨーク州と ニュー・ヨーク市	34
葛野尋之	

41号　1989年8月20日

〈夏期合宿準備特集号〉

1　少年警察と子どもの人権	
ある公務執行妨害捏造事件と 附添人活動	3
中道武美	
ある少年に対する警察の人権侵害 救済申立事件の取組と課題	6
采女英幸	
2　少年審判の問題点（ケースを素材として）	
綾瀬母子殺害冤罪事件報告	8
木下淳博	
◎資料	11
人権保護請求の申立書	
早良強姦未遂事件	15
八尋八郎	
3　学校生活と子どもの人権	
明星学園進級拒否事件	18
菅野庄一	
◎資料	20
明星学園事件仮処分決定の全文	

校則関連訴訟(退学処分の例)で 証拠保全(職員会議録など)出る！	24
修徳高校オートバイ訴訟	
森野嘉郎	
非行と少年法問題研究会 例会(第36回)報告	25

42号　1989年11月1日

〈特集　1989年度夏期合宿報告〉

1　少年警察と子どもの人権 　　(第1日第1部)報告・感想記	2
藤田光代	
2　少年審判の問題点 　　(ケースを素材として)(第1日第2部) 　　報告	5
宮澤廣幸	
◎速報	
綾瀬母子殺害保護事件、 非行なし不処分決定	9
(東京家庭裁判所平成元年9月12日決定要旨)	
早良強姦未遂保護事件、 抗告棄却決定、再抗告申立	11
石渡一史	
3　学校生活と子どもの人権 　　(第2日第1部)	13
須納瀬学	
4　少年法「改正」をめぐる 　　情勢認識とマスコミ報道 　　(第2日第2部)	20
泉薫	
5　アメリカ少年問題視察報告 　　(第2日第3部)	22
岩佐嘉彦	
6　少年法「改正」対策本部 　　拡大委員会(第2日第4部)	23
少年法通信チーム	
◎夏期合宿参加感想記	
合宿でお世話になった皆様へ	25
小宮由美	
実態が理論を変える？	25
西垣昭利	
熱気に圧倒された2日間	26
伊達聡子	

翼拡げて――少年合宿堪能記 27 萩原剛	京都弁護士会 21 「校則と子どもの人権を考える」 シンポジウム 山下綾子
日弁連アメリカ少年問題視察団だより(2) 「今日は私の日よ!」 28 村井敏邦	仙台弁護士会 23 「電話による子どもの人権問題相談」 犬飼健郎
アメリカ研修旅行に参加して 29 酒井信雄	近畿ブロック連絡協議会および近弁連大会 25 「少年警察」シンポジウム 金原徹雄
アメリカ訪問記 32 松井千恵子	関弁連人権大会 28 「子どもの人権と管理選別教育」 鈴木喜久子
ニューヨーク大学 33 グッゲンハイム教授の講演 高階貞男・青木佳史	対策本部 31 「家裁・少年法40周年シンポジウム "ボクたちの声を聞いて!"」 須納瀬学
附添人体験記 40 原守中	日弁連主催の国際人権セミナー 33 ひらく 高野隆
非行と少年法問題研究会 41 例会(第37回)報告	〈附添人体験記〉 35 住居侵入・窃盗保護事件で 非行なし不処分決定! 佐々木良博
43号 1990年2月1日	非行と少年法問題研究会 42 例会(第38回)報告
子どもの権利条約、国連総会で 2 採択される	**44号** 1990年4月1日
日弁連会長、早期批准等を求める 3 声明	「子どもの権利条約」採択後の 1 世界の動き
少年法「改正」対策本部会議 3 (第2回)ひらく	日弁連人権擁護大会シンポジウム 2 第1分科会準備状況報告 神谷誠人
ヨーロッパ少年司法制度 7 視察旅行の実施要領	〈ブロック連絡協議会〉
89・12・8日弁連全国人権擁護 7 委員長会議における 若穂井透副本部長の報告	1 中国ブロック連絡協議会 4 三宅克仁
〈ブロック連絡協議会〉	2 東北ブロック連絡協議会 5 倉岡憲雄
1 北海道ブロック連絡協議会 9 清水一史	3 四国ブロック連絡協議会 8 中村史人
2 九州ブロック連絡協議会 10 藤田光代	浦安暴走族乱闘(中国帰国2世)事件 10 石井小夜子
3 中部ブロック連絡協議会 13 鈴木次夫	
4 関東ブロック連絡協議会 14 大門嗣二	
〈特集 実りの秋 本部・各地で様々な取組み〉	
東弁シンポジウム 20 「少年犯罪の報道のあり方を考える」 飯田正剛	

附添人扶助　うれしい悲鳴	16
扶助件数100件突破	
山田万里子	
少年保護事件附添人扶助制度、	17
現在38支部で実施	
少年保護事件附添人扶助制度の	
実情調査について	
〈子どもの人権救済活動——各地の取組み〉	
名講演・名演技　理解と感動の舞台	18
子どもの人権　岡崎シンポジウム	
加藤隆一郎	
神戸「校則問題」を考える	20
シンポジウム	
渡部吉泰	
福岡県弁護士会第3回少年シンポ	22
内申書の実態にせまる	
石渡一史	
第二東京弁護士会、相談窓口を拡充	24
「子どもの悩みごと相談」スタート	

45号　1990年6月1日

本年度少年法「改正」対策本部の	1
活動方針・本部体制確定	
平成2年度第1回本部全体会	2
概要報告	
少年法「改正」対策本部を	7
担当するにあたって	
永井恒夫	
日本弁護士連合会第41回	8
定期総会において	
子どもの権利条約に関する決議	
新東京家裁と簡裁の	10
ジョイント庁舎の件	
〈子どもの人権救済活動〉	
バイク規制校則裁判についての	13
若干の検討	
黒岩哲彦	
「子どもの人権と学校生活」講演会と	16
無料法律相談の報告	
荘司昊	
〈附添人・弁護人活動〉	
少年保護事件	19
附添人扶助活動の実情	
附添人活動拡充小委員会の調査結果	

名古屋アベック殺人	23
死刑判決について	
鈴木次夫	
M君の事件(触法少年事件体験記)	26
定者吉人	
〈見学記〉	
少年院訪問記	29
羽賀千栄子	
見学記	30
高場一博	
非行と少年法問題研究会	31
例会(第39回)報告	

46号　1990年8月1日

〈夏期合宿準備号〉	
合宿日程	2
1　子どもの人権救済活動	
髪型問題と地域社会の変動	3
法解釈学と法社会学	
今橋盛勝	
千葉・柏中学教師の日常的体罰に	5
弁護士会が勧告	
はやしたけし	
養護学校生徒水死事件報告	7
石川恵美子	
F高校退学事件	9
古口章	
いじめ裁判を担当して	11
石田文三	
2　子どもの権利条約に学ぶ	
国連子どもの権利条約採択の	13
意義と国内法整備の問題点	
寺脇隆夫	
『子どもの権利と少年法　少年法	25
改正問題を考える』のすすめ	
神谷信行	
3　自由企画・分科会	
刑事法廷傍聴記	26
(アムステルダム編・ストックホルム編)	
前野育三	
警察による少年の人権侵害事例の	28
調査・分析すすむ	
少年警察関連小委員会	

第27回中国地区養護施設　　29
　　協議会に出席して
　　　　　　　　　　　児玉勇二
　4　附添人活動＝分科会(2)
　　附添人体験記　　　　　　　30
　　実験的観護措置解除
　　　　　　　　　　　笹森学
　　女子中学生の附添人となって　34
　　　　　　　　　　　多田元
　　附添人体験記　　　　　　　36
　　　　　　　　　　　西山多一
　　附添人体験記　　　　　　　39
　　　　　　　　　　　浦田秀徳
　　私の附添人活動　　　　　　40
　　　　　　　　　　　古屋勇一
　　非行と少年法問題研究会　　42
　　例会(第40回)報告

47号　1990年10月1日
〈特集　1990年度夏期合宿報告〉
　1　子どもの人権関係裁判例　　2
　　（第1日第1日部）
　　　　　　　　　　　小長井雅晴
　2　子どもの人権——弁護士会の　4
　　救済活動（第1日第2部）
　　　　　　　　　　　海老原夕美
　3　自由企画（第1日夜の部）
　　I　子どもの人権にかかわる経験　6
　　　交流集会
　　　　　　　　　　　倉岡憲雄
　　II　ドイツなどの少年法制　　7
　　　　　　　　　　　野口善國
　　III　アメリカの生徒の権利　10
　　　　　　　　　　　松井千恵子
　4　少年司法と子どもの権利条約　11
　　（第2日第1部）
　　　　　　　　　　　中川利彦
　5　子どもの権利条約から学ぶ　15
　　（第2日第2部）
　　　　　　　　　　　村田光男
　6　分科会（第2日第3部）
　　I　少年警察　　　　　　　17
　　　　　　　　　佐々木和郎・馬場亨

　　II　児童虐待　　　　　　　18
　　　　　　　　　　　木下淳博
　　III　教育情報・内申書　　　19
　　　　　　　　　　　石田文三
　　IV　校則　　　　　　　　　21
　　　　　　　　　　　国宗直子
　　V　附添人活動　　　　　　23
　　　　　　　　　　　小林克信
　7　少年事件研究（第3日第1部）　24
　　　　　　　　　　　梶原恒夫
　8　全体会議（第3日第2部）　26
　　突き付けられた課題——
　　夏期合宿全体会に参加して
　　　　　　　　　　　笹森学
◎夏期合宿参加感想記
　伊豆の空のごとく　　　　　　28
　　　　　　　　　　　河合良房
　少年法「改正」対策本部　　　29
　夏期合宿に参加して
　　　　　　　　　　　横山慶一

48号　1991年1月1日
〈子どもの権利条約・子どもの人権救済活動〉
　子どもの権利条約採択1周年　　1
　記念集会によせて
　　中坊日弁連会長がメッセージ
　子どもの権利条約についての　　3
　各界懇談会
　　　　　　　　　　　小笠原彩子
　人権大会シンポ、大阪弁護士会　5
　プレ・シンポの報告
　　　　　　　　　　　神谷誠人
　中弁連シンポジウム報告　　　7
　　　　　　　　　　　原山剛三
　公文書公開条例に基づく　　　9
　体罰報告書の公開について
　　　　　　　　　　　萩原剛
　北九州人権フォーラム　　　　12
　　　　　　　　　　　石渡一史
　シンポジウム「新東京家裁・　14
　簡裁合同庁舎問題と司法の独立」
　　　　　　　　　　　葛野尋之

〈ヨーロッパ少年法制視察報告〉

少年司法制度視察団報告書　16
　　　　　　　　　　西山要

日弁連欧州少年司法制度視察に　21
参加して
　　　　　　　　　　市川須美子

西ドイツ・オーストリア見聞記　22
　　　　　　　　　　野口喜美子

ヨーロッパは遠い？　23
　　　　　　　　　　鈴木敏弘

独・墺の少年司法印象記　24
　　　　　　　　　　須納瀬学

ドイツ的？　25
　　　　　　　　　　角藤和久

〈附添人体験記〉

附添人体験記　27
　　　　　　　　　　渡辺寿一

「一般的な」事案について　28
　　　　　　　　　　柴田一宏

〈書評〉　32

横川和夫・保坂渉『かげろうの家』
　　　　　　　　　　石井小夜子

49号　1991年4月1日

〈ブロック連絡協議会報告〉

12・1九州ブロック　2
　　　　　　　　　　渡辺紘光

12・1東北ブロック　3
　　　　　　　　　　佐々木良博

12・7近畿ブロック　4
　　　　　　　　　　野口善國

1・26関東ブロック　6
　　　　　　　　　　関一

1・26中部ブロック　7
　　　　　　　　　　市川博久

1・26北海道ブロック　9
　　　　　　　　　　山口均

1・26四国ブロック　11
　　　　　　　　　　有田知正

2・16中国ブロック　13
　　　　　　　　　　清水茂美

〈子どもの権利条約にかかわる活動〉

◎子どもの権利条約の批准を求める決議

福岡県弁護士会の決議（平3・2・16）　15

静岡県弁護士会の決議（平3・2・26）　17

子どもの権利条約についての　18
各界懇談会（その2）
　　　　　　　　　　小笠原彩子

〈子どもの人権救済活動〉

「青く　短く　美しく」　19
頭髪強制刈り込みに対し
鹿児島県弁護士会が意見書
　　　　　　　　　　森雅美

柏中体罰事件に対する「勧告」と　23
弁護士会のアフター・ケアー
　　　　　　　　　　山田由起子

神戸弁護士会　25
「丸刈校則に関する意見書」
　　　　　　　　　　渡部吉泰

関西の学校関係事件概要　28
　　　　　　　　　　池谷博行

新東京家裁・簡裁合同庁舎と　30
区検等庁舎の連結庁舎計画に
関する最高裁と日弁連の協議会報告
　　　　　　　　　　斎藤義房

ベッツィ・スタンプ氏　31
（米国保護観察官・弁護士）の手紙
前注および日本語訳
　　　　　　　　　　木下淳博

〈附添人体験記〉

附添人体験記　33
　　　　　　　　　　亀田成春

附添人体験記　35
　　　　　　　　　　塩塚節夫

50号　1991年6月1日

〈速報〉　1

子どもの日記念無料相談
全国42弁護士会で実施

〈子どもの権利条約をめぐる動き〉

女性国会議員との懇談会報告　2
　　　　　　　　　　木下淳博

子どもの権利条約に関する協議会　　2　中川明	退任のことば　　4　阿部三郎

〈子どもの人権救済活動〉

体罰をやめさせた例についての報告　　3
　　　　　　　　　　　　　　　田村徹

中野富士見中いじめ事件
第一審判決について　　4
　　　　　　　　　　　　　　　森田健二

福岡「生き埋め事件」訴訟　　9
　　　　　　　　　　　　　　　八尋八郎

高槻市調査書開示裁判の
提訴について　　11
　　　　　　　　　　　　　　　岩佐嘉彦

〈少年事件への取組み〉

少年保護事件附添人
実務研修会あれこれ　　14
　　　　　　　　　　　　　　　前田俊房

東調布署怪盗団事件
国家賠償控訴事件　　16
　　　　　　　　　　　　　　　石井小夜子

触法少年の適正手続と
子どもの権利条約　　18
　　　　　　　　　　　　　　　児玉勇二

附添人体験記　　20
　　　　　　　　　　　　　　　北岡秀晃

〈非行と少年法問題研究会〉

第42回例会報告　　22

第43回例会報告──三井明先生の講演　　25

〈刊行案内〉　　28
『少年警察活動と子どもの人権
──少年事件捜査の実態と問題点』
日本評論社より発刊決定
　　　　　　　　　　　　　　　斎藤義房

51号　1991年8月1日

本年度少年法「改正」対策本部の
活動方針・本部体制確定　　1

少年法「改正」対策本部を
担当するにあたって　　3
　　　　　　　　　　　　　　　小栗孝夫

本部長就任のご挨拶　　4
　　　　　　　　　　　　　　　出口治男

〈子どもの日記念無料相談〉

子どもの日記念全国一斉相談
実施について　　6
　　　　　　　　　　　　　　　鳥飼公雄

山形県からの報告　　9
　　　　　　　　　　　　　　　倉岡憲雄

岩手県からの報告　　9
　　　　　　　　　　　　　　　佐々木良博

静岡県からの報告　　11
　　　　　　　　　　　　　　　冨山喜久男

富山県からの報告　　12
　　　　　　　　　　　　　　　鍛治富夫

大分県からの報告　　13
　　　　　　　　　　　　　　　瀬戸久夫

少年保護事件附添人扶助制度
平成2年度の実績　　14

〈6・15附添人経験交流集会〉

第1回附添人経験交流集会、
160名が出席して名古屋で開催　　16

1　第1分散会　　16
「試験観察を中心としたケース」
　　　　　　　　　　　　　　　大石剛一郎

2　第2分散会　　18
「施設収容となったケース」
　　　　　　　　　　　　　　　藤田光代

3　第3分散会　　20
「在宅処遇となったケース」
　　　　　　　　　　　　　　　荻原剛

4　第4分散会　　22
「非行事実を争ったケース」
　　　　　　　　　　　　　　　海老根遼太郎

5　第5分散会　　24
「捜査段階から関与したケース」
　　　　　　　　　　　　　　　石渡一史

全国附添人経験交流集会に参加して　　25
　　　　　　　　　　　　　　　荒木伸怡

6・15附添人経験交流集会から
学ぶこと　　26
　　　　　　　　　　　　　　　服部朗

非行と少年法問題研究会
例会（第44回）報告　　28

ベルギーでの子どもの権利セミナー　　30	
須網隆夫	

52号　1991年11月1日
〈特集　1991年度夏期合宿報告〉

1　人権大会シンポジウムに向けて
　　（第1日第1部）

　　その1　少年司法　　　　　　　　2
　　　　　　　　　　　　福地輝久
　　その2　教育　　　　　　　　　　3
　　　　　　　　　　　　鎌田正聰
　　その3　家族・福祉　　　　　　　5
　　　　　　　　　　　　國宗直子

2　記念講演「家裁35年をふりかえって」
　　（第1日第2部）
　　浅川道雄氏記念講演を聞いて　　　7
　　　　　　　　　　　　向和典

3　子どもの人権裁判交流集会
　　（第2日第1部・第2部）

　　Ⅰ　弁護士会の救済事例　　　　　9
　　　　　　　　　　　　加瀬野忠吉
　　Ⅱ　体罰　　　　　　　　　　　12
　　　　　　　　　　　　佐々木和郎・高場一博
　　Ⅲ　児童虐待・内申書　　　　　13
　　　　　　　　　　　　鈴木次夫
　　Ⅳ　校則・懲戒・いじめ裁判　　16
　　　　　　　　　　　　河合良房

4　附添人活動の拡充をめざして　　18
　　（第3日第1部）
　　　　　　　　　　　　岡村邦彦

5　対策本部全体会議（第3日第2部）20
　　　　　　　　　　　　黒澤弘

◎合宿参加感想記
夏期合宿の感想　　　　　　　　　21
　　　　　　　　　　　　網野利夫
合宿の感想　　　　　　　　　　　22
　　　　　　　　　　　　鈴木一義
弁護士と研究者との本格的交流を　23
　　　　　　　　　　　　世取山洋介
夏期合宿に参加して　　　　　　　24
　　　　　　　　　　　　粂田孝之

夏期合宿に参加して　　　　　　　25
　　　　　　　　　　　　小泉広子
とんびが鷹を生んだら？　　　　　26
　　　　　　　　　　　　山田直子
修徳高校バイク退学訴訟　　　　　27
第一審判決と控訴審
　　　　　　　　　　　　伊藤芳朗
非行と少年法問題研究会　　　　　28
例会（第45回）報告
「少年警察活動と子どもの人権」発刊！32
団藤重光元最高裁判事より推薦文

53号　1992年3月1日
〈特集　第34回人権擁護大会報告〉

シンポジウム第3分科会報告　　　　2
　　　　　　　　　　　　小笠原彩子

◎シンポジウムに参加した子どもたちの発言

　　1　成見玲子　　　　　　　　　3
　　2　森本未樹子　　　　　　　　5
　　3　掛巣直子　　　　　　　　　6
　　4　B少年　　　　　　　　　　7
　　　（綾瀬母子殺害冤罪事件の少年）

◎人権擁護大会決議　　　　　　　　9
「子どもの権利条約に関する決議」

〈各地弁護士会連合会大会、シンポジウムから〉

1　中国弁護士大会　　　　　　　12
内申書の開示等を求める決議
中国弁護士大会シンポジウムに　　14
おける「まとめ」の発言
　　　　　　　　　　　　安田壽朗

2　四国弁護士会連合会大会　　　16
必要的附添人及び国選附添人制度
の法制化を求める決議

3　近畿弁護士会連合会大会　　　17
児童虐待に対する統一的な
法律の制定を求める決議

近弁連シンポ　　　　　　　　　　17
「子どもの権利条約と児童虐待」
報告
　　　　　　　　　　　　泉薫

〈子どもの人権救済活動〉

市立尼崎高校における
車椅子少年の入学差別事件　　　19
　　　　　　　　　　　青木佳史

広島市立高校の退学強要事案に　　22
関して勧告書送付
　　　　　　　　　　　江崎明雄

〈ブロック連絡協議会〉

10・26東北ブロック　　　　　23
　　　　　　　　　　　馬場亨

12・7九州ブロック　　　　　26
　　　　　　　　　　　瀬戸久夫

1・18中国ブロック　　　　　29
　　　　　　　　　　　定者吉人

1・25四国ブロック　　　　　30
　　　　　　　　　　　山岡敏明

養護施設博愛社「保母」体験記　　32
　　　瀬戸則夫・山本健司・小池康弘

子どもの権利条約に関する　　　34
中国ナショナルセミナー
　　　　　　　　　　　高野隆

〈新刊紹介〉　　　　　　　　　36
東弁「弁護士70人の提言」

54号　1992年5月1日

〈第2回全国附添人経験交流集会報告〉

1　第1分科会報告　　　　　2
　　　　　　　　　　　泉薫

2　第2分科会報告　　　　　3
　　　　　　　　　　　荻原剛

3　第3分科会報告　　　　　4
　　　　　　　　　　　妹尾純充

4　第4分科会報告　　　　　5
　　　　　　　　　　　小池康弘

5　第5分科会報告　　　　　7
　　　　　　　　　　　平野惠稔

〈対策本部の活動から〉

1　子どもの人権救済問題小委員会　8
　　　　　　　　　　　児玉勇二

2　少年警察関連小委員会　　　9
　　　　　　　　　　　斎藤義房

3　附添人活動拡充小委員会　　10
　　　　　　　　　　　多田元

〈ブロック連絡協議会〉

1・11中部ブロック　　　　　10
　　　　　　　　　　　仲松正人

1・25関東ブロック　　　　　12
　　　　　　　　　　　海老原夕美

2・22北海道ブロック　　　　13
　　　　　　　　　　　田中敏滋

習志野体罰事件判決について　　15
　　　　　　　　　　　鈴木牧子

いわゆるポルノ・コミックをめぐる　16
青少年保護条例「改正」の
動きについて
　　　　　　　　　　　斎藤義房

「少年事件捜査の弁護士立会に　　17
関するアンケート調査」の報告
　　　　　　　　　　　山名邦彦

〈少年事件体験記〉　　　　　　19
渋谷センター街事件
　　　　　　　木下淳博・伊藤芳朗

〈最近の非行なし不処分事例(1)〉

保護者の立会なき取調べによって　24
得られた自白の任意性を否定した
画期的事例
　　　　　　　　　　　西山司朗

生活指導部の教師に窃盗犯人と　　25
決めつけられた少年の冤罪
　　　　　　　　　　　谷脇和仁

捜査段階で受任し自白強要を　　　27
はね返して不処分に至った事例
　　　　　　　　　　　長谷川恒弘

55号　1992年8月1日

本年度活動方針・本部体制確定　　1

少年法「改正」対策本部を　　　　2
担当するにあたって
　　　　　　　　　　　兵藤俊一

〈子どもの権利条約をめぐる動き〉

阿部日弁連会長が談話　　　　　3

第二東京弁護士会が法改正の提言　4
　　　　　　　　　　　色川雅子

〈子どもの日記念無料相談〉	
本部からの報告　　　　　鳥飼公雄	5
各地からの報告	6
札幌（馬場政道）／岐阜県（岸本由起子）／三重（森川仁）／徳島（浅田隆幸）／愛媛（有田知正）	
〈子どもの人権救済活動〉	
玉置事件と彼の選択 （尼崎高校入学拒否事件判決）　　　川西譲	10
万引き「身代わり」事件 （私立高校停学処分で提訴）　　　久保井摂	12
修徳高校バイク退学事件高裁判決　　　黒岩哲彦	13
利府中体罰・転校事件　　　馬場亨	14
〈最近の非行なし不処分事例(2)〉	
審判でも自白し、中等少年院送致決定後、抗告→差戻し→不処分となった事例　　　岩佐政彦	17
警察に迎合して無免許運転をしたと嘘の自白をした少年の無実が認められた事例　　　水口晃	19
OMEP「子どもの権利条約」横浜フォーラム K・バックストレーム氏の講演要旨	20
刑法学会分科会に参加して　　　西垣昭利	22
非行と少年法問題研究会例会(第49回)報告	24

56号　1992年12月1日

特集　1992年度夏期合宿報告	1
1　第1日第1部 少年司法の改革をめぐって　　　國宗直子	2
2　第1日第2部 対策本部全体会議 　　(1)藤木邦顕／(2)黒岩哲彦	3
3　第2日第1部 障害児の権利保障をめぐって　　　村田光男	5
4　第2日第2部 子どもの権利条約シンポジウム	
I　子どもの権利オンブズマンについて 　　(1)中川利彦／(2)斉藤安彦	7
II　子どもの権利条約の具体化・実践　　　少年法通信チーム取材	10
5　第3日第1部 教育裁判(事件)交流集会　　　村松敦子	11
6　第3日第2部 学校に市民社会の風を　　　鎌田正聰	13
◎合宿参加感想記	
1　岡マユミ 　（明星学園転落事故死裁判原告）	15
2　梁島欣之 　（司法試験受験生・法政大学法学部卒）	16
3　山口明子 　（教育情報の開示を求める市民の会）	16
4　青木道代 　（障害を負う人々・子どもたちとともに歩む「青木優牧師夫妻を支える会」）	17
児童虐待に関する出版相次ぐ！　　　泉薫	21
岡崎市立I中学校における服装・頭髪に関する合意　　　天野太郎	22
〈最近の非行なし不処分事例(3)〉 （いずれも扶助事件）	
身柄不拘束の下での自白について、強制によるもので任意性はないとした画期的事例　　　外塚功	25
少年が無免許運転をしたとは認められない、として非行なし不処分となった事例　　　海老根遼太郎	28
DCI世界大会への参加記　　　須納瀬学	29

57号　1993年4月1日
「子どもの権利通信」

名称変更に寄せて　　　　　　　　1
　　　　　　　　　　出口治男

少年法「改正」対策本部設置　　　4
要綱一部改正案

〈子どもの人権救済活動〉

「生徒人権手帳」に関する日弁連の　6
「要望書」
　　　　　　　　　　中川明

重複障害児学級編成に関する　　10
日弁連の「要望書」
　　　　　　　　　　岩佐嘉彦

子どもの権利条約に関する　　　13
各界懇談会（第8回）
　　　　　　　　　　小林広樹

〈ブロック連絡協議会〉

12・11九州ブロック　　　　　　15
　　　　　　　　　　高橋博美

1・30北海道ブロック　　　　　　18
　　　　　　　　　　岩本勝彦

〈シンポジウム報告〉

シンポジウム「子供の人権」報告　20
　　　　　　　　　　松浦正典

「有害」コミックシンポジウム　　22
　　　　　　　　　　斎藤義房

梶原和夫弁護士追悼シンポジウム　23
　　　　　　　　　　吉峯康博

〈報告〉

パーマと退学の関係（古口章）／風
の子学園、行政が子どもを殺した
（野口善國）／砂浜生き埋めが教育
か？（八尋八郎）／草加女子中学生
殺害事件、子どもを追いつめる裁
判所（清水洋）

〈最近の非行なし不処分事例(4)〉　32

警察官の証言を排斥し、少年の
否認供述の信用性を認めた事例
　　　　　　　　　　平場安治

〈非行と少年法問題研究会例会報告〉

第49回（最近の家庭裁判所の論稿に学ぶ）35

第50回（少年法の理念、現状、展望を　37
考える――守屋克彦氏を囲んで）

〈寄稿〉

意見表明件と大人への信頼　　　40
　　　　　　　　　　山田万里子

親子問題――グレゴリー君と松坂慶子　44
　　　　　　　　　　木下淳博

子どもの権利のための本・パンフ　45
続々と出版！
　　　　　　　　　　吉峯康博

58号　1993年6月1日

第3回全国附添人経験交流集会　　1

1　附添人と派遣制度　　　　　　2
　　　　　　　　　　若穂井透

◎添付資料　　　　　　　　　　5
日弁連・弁護士会の子どもの
人権擁護活動年表

2　第1分科会報告　　　　　　11
　　　　　　　　　　古屋勇一

3　第2分科会報告　　　　　　13
　　　　　　　　　　高畑拓

4　第3分科会報告　　　　　　14
　　　　　　　　　　神谷誠人

5　第4分科会報告　　　　　　15
　　　　　　　　　　佐々木和郎

6　第5分科会報告　　　　　　18
　　　　　　　　　　稲村鈴代

7　第6分科会報告　　　　　　20
　　　　　　　　　　大川哲也

8　アピール　　　　　　　　　21

〈ブロック連絡協議会〉

8・28～29近畿ブロック（合宿）　21
　　　　　　　　　　藤木邦顕

11・28東北ブロック　　　　　　23
　　　　　　　　　　佐藤喜一

12・12中国ブロック　　　　　　25
　　　　　　　　　　松田昭彦

1・16四国ブロック　　　　　　27
　　　　　　　　　　浅田隆幸

1・23中部ブロック　　　　　　30
　　　　　　　　　　西村依子

〈特報〉
草加女子中学生殺害事件の　　　　32
民事訴訟で、実質無罪の判決！
　　　　　　　　　　　　　清水洋

〈子どもの人権救済活動〉
中学生の自殺　　　　　　　　　　34
学校設置者(市)に対し訴え提起
　　　　　　　　　　　　岡崎由美子
都立秋川高校退学事件について　　35
　　　　　　　　　　　　　石川邦子
非行と少年法問題研究会　　　　　37
第51回例会報告

59号　1993年10月1日

本年度活動方針・本部体制確定　　1
子どもの権利委員会を担当するに　2
あたって
　　　　　　　　　　　　　直野喜光
委員長就任挨拶　　　　　　　　　3
　　　　　　　　　　　　　　中川明
委員長退任にあたって　　　　　　4
　　　　　　　　　　　　　出口治男

〈子どもの日記念無料相談〉
本部　　　　　　　　　　　　　　6
　──担当副委員長鳥飼公雄弁護士に聞く
各地からの報告　　　　　　　　　9
　仙台(馬場亨)／千葉県(鈴木牧子)
　／長野県(木下哲雄)／鹿児島県
　(向和典)／沖縄(真境名光)

〈資料〉　　　　　　　　　　　　14
子どもの権利条約批准に関し
留保・解釈宣言・訳文についての意見
1993年3月19日　日本弁護士連合会

〈子どもの人権救済活動〉
担任のいじめによる　　　　　　19
生徒登校拒否・転校事件
　　　　　　　　　　　　　江口公一
アンデレ君の国籍確認訴訟　　　21
　　　　　　　　　　　　山田由起子
広島での婚外子退去強制命令等　22
取消訴訟
　　　　　　　　　　　　野曽原悦子

青梅・しろまえ児童学園　　　　24
暴力事件訴訟
　　　　　　　　　　　　　山内一浩
静岡子どもの人権センターについて　26
　　　　　　　　　　　　　斉藤安彦
シンポジウム「子どもの目で見る学校」　27
　　　　　　　　　　　　　野口善國
保護司の選考方法について　　　30
　　　　　　　　　　　　　八尋八郎

60号　1994年1月1日

〈1993年度夏期合宿〉
1993年度夏期合宿、　　　　　　1
160名が参加して開催

合宿第1日目(少年法と附添人)
1　「再審」問題　　　　　　　　4
　　　　　　　　　　　　　青山定聖
2　緊急ケース報告：山形「マット」事件　6
　　　　　　　　　　　　　横山慶一
3　アクションプログラムの検討　7
　　　　　　　　　　　　　山岡敏明
4　当番弁護士制度と少年事件　　9
　　　　　　　　　　　　　岩崎政孝

合宿第2日目のⅠ(学校教育関係)
1　いじめの実態といじめ裁判の　11
　課題
　　　　　　　　　　　　　　田上剛
2　その他の学校教育問題　　　　13
　ケース報告
　　　　　　　　　　　　　中川利彦
3　宇都宮人権大会の成果を　　　17
　ふまえて
　　　　　　　　　　　　　成見幸子

合宿第2日目のⅡ(分科会)
第1分科会　児童虐待　　　　　19
　　　　　　　　　　　　　石田文三
第2分科会　障害児問題　　　　24
　　　　　　　　　　　　　出口治男
第3分科会　　　　　　　　　　26
人権救済事例の概況と課題
　　　　　　　　　　　　　齋藤安彦

合宿第2日目のⅢ（特別企画）		
世界の子どもと女性		30
	海老原夕美	

合宿第3日目のⅣ（特別報告）		
少年事件関係特別報告		31
	近藤明彦	

合宿第3日目〈外国人の子どもの人権〉		
1　外国人の子どもに関する 　　ケース・制度報告		33
	山越悟	
2　ミニ・パネル		37
	池谷博行	
ミニ・パネルで配布された資料		39
	松尾園子	

◎合宿参加感想記

子どもの権利委員会の合宿に 参加して		41
	江野尻正明	
「象牙の塔」の中では 見えなかったこと		42
	佐藤忍	
東弁夏期合宿報告・学校における 消費者教育		43
	坪井節子	

61号　1994年3月1日

第4回全国附添人経験交流集会		1
1　第1分科会		2
	工藤展久	
2　第2分科会		3
	佐々木浩史	
3　第3分科会		5
	中田憲悟	
4　第4分科会		6
	鵜野一郎	
5　第5分科会		8
	橋山吉統	
6　第6分科会		10
	玉木昌美	

〈ブロック連絡協議会〉

11・13東北ブロック		11
	小田切達	
1・22関東ブロック		12
	鈴木牧子	
2・5中部ブロック		13
	守屋宏一	
九弁連大会シンポ報告		15
	内川寛	

〈子どもの人権救済活動〉

普通学級への入級を求める訴訟に ついて		17
	清水一史	
大宮市宮原中の体罰・内申書裁判		19
	中川明	
宮城県河南高校 退学処分取消請求訴訟		20
	坂野智憲	

〈附添人体験記〉

附添人活動第1号で 強盗2件が非行事実なし		22
	深堀寿美	
調布駅南口集団暴行事件		26
	山下幸夫	
アメリカだより（第1回）		28
	須納瀬学	

62号　1994年4月1日

東北ブロック編集号の 発行にあたって		1
	馬場亨	

〈附添人体験記〉

1　密航ロシヤ人少年附添人の記		2
	赤谷孝士	
2　附添人活動報告		5
	水上進	
3　附添人の現場から		9
	面山恭子	
4　不処分2例		12
	伊藤治兵衛	
5　少年附添人経験報告書		16
	五戸雅彰	
6　私の附添人経験		18
	石川哲	

7	冤罪を生み出したのは何か ある不処分事件 　　　　　　　　　　佐々木良博	19
8	少年事件事例報告 　　　　　　　　　　伊藤恒幸	22
9	少年保護事件を担当して 　　　　　　　　　　杉山茂雅	25
10	附添人体験記 　　　　　　　　　　我妻崇	27
11	少年事件報告書 　　　　　　　　　　安藤和平	31
12	附添人経験報告書 　　　　　　　　　　鈴木一美	32
13	少年事件報告書 　　　　　　　　　　滝田三良	35
14	少年事件報告書 　　　　　　　　　　宮本多可夫	39

〈親権変更の事例に関与して〉
親権って何だろう　　　　41
　　　　　　　　　　菅原瞳

〈東北6弁護士会活動報告〉

1	福島県弁護士会の活動報告 　　　　　　　　　　佐藤喜一	44
2	仙台弁護士会における 子どもの権利関係の活動状況 　　　　　　　　　　馬場亨	44
3	岩手弁護士会における 子どもの権利に関する活動 　　　　　　　　　　石川哲	46
4	子どもの権利に関する 青森県弁護士会の活動 　　　　　　　　　　横山慶一	47
5	秋田県警察本部長等に対する 要望の件 　　　　　　　　　　柴田一宏	47
6	少年の取調べに対する 人権救済申立事件 　　　　　　　　　　倉岡憲雄	50

63号　1994年6月1日

調布駅事件に関し、　　　　1
日弁連会長が声明

会長声明　　　　　　　　　1

3・29会長声明について　　2
　　　　　　　　　　村山裕

〈37回日弁連人権擁護大会シンポジウム〉　4
「警察活動と市民の人権」の
ご案内とお願い
　　　　　　　　　　斎藤義房

〈裁判の動き〉

生き埋め訴訟と暴追キャンペーン　6
　　　　　　　　　　八尋八郎

風の子学園事件訴訟中間報告　8
　　　　　　　　　　渡部吉泰

鴨方中事件(いじめによる自殺事件)に　9
ついて
　　　　　　　　　　水谷賢

体罰に抗議する遺書を残して　11
中学生が自殺した事件で
栃木県弁護士会が声明

『子どもの人権新時代』の出版を祝し、13
津田玄児さんを励ます会を開催
　　　　　　　　　　黒岩哲彦

和歌山弁護士会の活動報告　14
　　　　　　　　　　中川利彦

〈少年事件体験記〉　　　　16
少年事件の新米弁護士として
少年法55条による移送が認められた例
　　　　　　　　　　美奈川成章

アメリカだより(第2回)　19
　　　　　　　　　　須納瀬学

〈文献紹介・書評〉

澤登俊雄編著　　　　　　　22
『世界諸国の少年法制』(成文堂)
　　　　　　　　　　黒岩哲彦

津田玄児編著　　　　　　　24
『子どもの人権新時代』(日本評論社)
　　　　　　　　　　出口治男

64号　1994年8月1日

子どもの権利条約が日本でも発効　1

日本弁護士連合会会長声明　1

第11回子どもの権利条約に関する　2
各界懇談会について
　　　　　　　　　　森野嘉郎

◎資料

文部事務次官通知 3
「『児童の権利に関する条約』について」

法務省 5
「子どもの人権専門委員設置運営要領」

厚生省 9
「都市家庭住宅支援事業について」

〈特報〉 9
続発する朝鮮学校の児童・生徒に対する暴行・暴言事件

少年司法をめぐる 10
最近の動きについての緊急報告
日弁連第45回定期総会における
中川明委員長の報告

〈子どもの日記念無料相談〉

第4回「子どもの日記念全国一斉 13
無料相談」について
　　　　　　　　　　　　　　村山裕

子どもの日記念相談結果（中間報告） 17

各地からの報告 18
　秋田（柴田一広）／新潟（土屋俊幸）
　／神戸（増田正幸）／広島（定者吉人）

鹿川君いじめ訴訟の控訴審判決 21
　　　　　　　　　　　　　　森田健二

〈各地の動きから〉

「子どもサミット」を終えて 25
　　　　　　　　　　　　　　河合良房

千葉県弁護士会「ひまわり一座」の 27
大冒険
　　　　　　　　　　　　　　市川清文

東京3弁護士会少年事件 28
当番弁護士制度発足について
　　　　　　　　　　　　　　羽賀千栄子

〈少年事件体験記〉 29

少年法55条決定のなされた事例
　　　　　　　　　　　　　　野口善國

65号 1994年11月1日

〈合宿報告特集号〉

1994年度夏期合宿、 1
136名が参加して開催

1994年度合宿プログラム 2

合宿第1部（少年法研究集会）

1　調布駅前事件の事例と 2
　　法的論点の報告

2　少年法制討論集会 3

保護処分取消手続の再検討（メモ） 3
　　　　　　　　　　　　　　若穂井透

現行少年審判の事実認定のあり方 7

少年手続のシュミレーションについて 7
　　　　　　　　　　　　　　出口治男

合宿第2部（教育・児童福祉ケース等報告）

国連・子どもの権利委員会報告 9
　　　　　　　　　　　　　　平野裕二

風の子学園事件 10
　　　　　　　　　　　　　　望月彰

教育関連ケース報告 12
　　　　　　　　　　　　　　岩崎政孝

触法少年と少年法・森安事件 15
　　　　　　　　　　　　　　渡部吉泰

児童虐待問題への各地の取組み 17
　　　　　　　　　　　　　　田中秀一

合宿第3部（子どもの権利条約の具体化）

意見表明権、未成年者の 19
教育情報と親の権限
　　　　　　　　　　　　　　井上洋子

意見表明権をどうとらえるか 20
　　　　　　　　　　　　　　青木佳史

子どもの権利保障をめざす 25
弁護士・弁護士会の活動と課題
　　　　　　　　　　　　　　松下明夫

合宿第4部

子どもの権利委員会全体委員会 30

合宿第5部（少年事件ケース研究）

1　草加事件 30
　　　　　　　　　　　　　　三部正歳

2　山形マット事件 32
　　　　　　　　　　　　　　伊藤和子

◎合宿参加感想記

柳辰哉（NHK社会部記者） 35

馬場健一（北九州大学教授） 35

設楽あづさ（47期司法修習生）		37
中川素充（東京大学学生）		37
岡邊健（東京大学学生）		38

〈子どもの人権救済窓口の拡充〉

札幌／子どもの権利110番 　　　　　　　　　　　山﨑博	39
長野／子どもの人権救済センター 設置の準備すすむ 　　　　　　　　　　　牛山秀樹	40

66号　1994年11月1日

〈調布駅前事件特集号〉

調布駅前事件特集号の発行に 寄せて　　　　　　　　　中川明	1
事件経過一覧表	2
事件の概要と法的問題点 　　　　　　　　　　　山下幸夫	4
調布駅前事件の研究のための 重要判例・文献一覧 　　　　　　　　　　　村山裕	9
調布駅前事件に関する 94・3・29日弁連会長声明	11
◎速報 東京弁護士会が 不法起訴非難の決議	12
被告・弁護側の基本姿勢 第2回公判期日における意見陳述から	13
1　被告K君の意見	13
2　被告M君の意見	14
3　被告I君の意見	15
4　被告C君の意見	17
5　被告T君の意見	19
6　公訴棄却・免訴申立書〈要約〉	21
調布事件弁護団の活動報告 　　　　　　　　　　　山下幸夫	28
第二東京弁護士会で、 いじめ・権利条約に関し会長声明	30

〈朝鮮学校生徒に対する暴行事件について〉

朝鮮学校生徒に対する暴行事件に ついて東京弁護士会会長が声明 　　　　　　〈解説〉斎藤義房	31
声明全文	31
チマ・チョゴリ事件と 国連事件小委員会 　　　　　　　　　　　崔一洙	33
国連・子どもの権利委員会 第7会期速報 　　　　　　　　　　　平野裕二	34
国際少年裁判所・家庭裁判所裁判 官協会の第14回国際会議に 出席して 　　　　　　　　　　　齊藤豊治	35
通算60回を迎えた第二東京弁護士 会の「少年事件ケース研究会」 　　　　　　　　　　　岩崎政孝	37
〈新刊紹介〉 『子ども・家庭……そして非行 ――補導委託の現在と子ども教育』 　　　　　　　　　　　神谷信行	40

67号　1995年4月1日

第5回全国附添人経験交流集会	1
1　第1分科会 　　　　　　　　　　　設楽あづさ	2
2　第2分科会 　　　　　　　　　　　定者吉人	3
3　第3分科会 　　　　　　　　　　　吉川法生	5
4　第4分科会 　　　　　　　　　　　野田正人	6
5　第5分科会 　　　　　　　　　　　神田安積	7
6　第6分科会 　　　　　　　　　　　沼田徹	8
阪神・淡路大震災について	9
子どもの権利委員会委員あての要請 　　　　　　　　　　　中川明	9
法律相談ボランティアの呼びかけ 　　　　　　　　　　　海老原夕美	10

子どもの権利通信《少年法通信》1～104号　目次

89

〈いじめ問題への緊急取組み〉
日弁連と各弁護士会の取組み　11
日弁連会長声明(94・12・20)　13
名古屋弁護士会会長声明　14
横浜弁護士会会長声明　15

〈調布駅前事件〉
日弁連と各弁護士会の取組み　15
公判(第3回・第4回)報告　16
少年審判事件で冤罪を防ぐには　20
　　　　　　　　　　　荒木伸怡

〈子どもの人権救済活動〉
岡山市立中学校の体罰に警告等　22
障害児水死事件控訴審判決　24
　　　　　　　　　　　海野宏行
アンデレ君国籍訴訟、　26
最高裁で逆転勝訴！
　　　　　　　　　　　山田由起子

〈ブロック連絡協議会〉
1・28中部ブロック　27
2・4九州ブロック　27
3・4東北ブロック　28

〈少年事件〉
否認供述が信用できる等として、　32
非行なし不処分となった事例
　　　　　　　　　　　川上正彦
山形マット事件経過報告　34
　　　　　　　　　　　相川裕
「もがれた翼」奮戦記　39
　　　　　　　　　　　末吉宜子
非行と少年法問題研究会　40
例会(第60回)報告

68号　1995年6月5日

〈いじめ問題への緊急取組み(続)〉
日弁連会長談話(95・3・27)　2
札幌弁護士会会長声明(95・4・26)　3
長崎県弁護士会会長声明(95・5・16)　4

子どもの人権専門委員と　5
東京3会の委員会が懇談
　　　　　　　　　　　赤松洋子

〈ブロック連絡協議会〉
2・4中国ブロック　7
　　　　　　　　　　　佐々木和郎
2・18北海道ブロック　10
　　　　　　　　　　　中川明
2・18関東ブロック　11
　　　　　　　　　　　近藤明彦
調布駅前事件公判経過報告　12
　　　　　　　　　　　山下幸夫

〈各会の活動から〉
高校の体罰に沖縄弁護士会が警告　16
子どもからのSOSに応えよう　17
「子どもの悩みごと相談」の満5年を
迎えて
　　　　　　　　　　　鮎京眞知子

◎福岡県における4つの訴訟の報告
1　生き埋め訴訟　21
　　　　　　　　　　　八尋八郎
2　ゲルニカ訴訟　22
　　　　　　　　　　　大谷辰雄
3　学資保険裁判　23
　　　　　　　　　　　深堀寿美
4　フェルト事件　24
　　　　　　　　　　　萩尾珠美

北九州矯正センター構想に福岡県　25
弁護士会が撤回を求める決議
非行と少年法問題研究　26
例会(第61回)報告
子どもの人権救済に関する　30
弁護士会の無料常設相談窓口一覧

〈新刊紹介〉　32
日弁連『いじめ問題ハンドブック』
　　　　　　　　　　　中川明

69号　1995年7月15日

本年度活動方針・本部体制確定　1
委員長就任の御挨拶　2
　　　　　　　　　　　高階貞男

委員長の任を終えて	4	
	中川明	
〈調布駅前事件〉		
公判(第6回・第7回)報告	5	
	山下幸夫	
第6回公判におけるC君の最終意見陳述	11	
〈速報〉		
公訴棄却判決(全文)	12	
日弁連会長声明	19	
〈子どもの日記念無料相談〉		
第5回「子どもの日記念全国一斉無料相談」について	20	
	森野嘉郎	
相談結果一覧表	21	
◎各地からの報告		
1　福井大学と共催で開催	22	
2　島根県における「子どもの権利元年」を期して	23	
3　5回目の子どもの日記念相談	24	
福井大学との共催で子どもの悩み110番	25	
	佐藤辰弥	
最近の虐待救済事例について	26	
	平湯真人	
非行と少年法問題研究会例会(第62回)報告	29	

70号　1995年12月1日

中部ブロック編集号の発行にあたって	1	
	原山剛三	
富山県弁護士会		
1　少年付添人として	2	
	東博幸	
2　富山県弁護士会の活動	3	
	作井康人	
金沢弁護士会		
3　新米弁護士の付添人経験	4	
	塩梅修	
4　金沢弁護士会における活動報告	5	
	水谷章	
福井弁護士会		
5　連続窃盗事件の付添人活動	8	
	佐藤辰弥	
6　福井県弁護士会の活動	9	
	佐藤辰弥	
岐阜県弁護士会		
7　名称に恥じないように！岐阜県弁護士会子どもの人権センターの活動報告	10	
	河合良房	
8　家庭裁判所少年部との懇談会について	11	
	仲松正人	
9　勾留場所の変更を求める準抗告が認められた事例	13	
	岸本由起子	
10　子どもの人権と親権	15	
	森川幸江	
名古屋弁護士会		
11　体罰根絶のための8つの視点・4つの提言子どもの人権パンフレット(その1)	16	
	新海聡	
12　いじめ解決のための8つの提言子どもの人権パンフレット(その2)	19	
	川上明彦	
13　「いじめ・体罰」について活発な討論大河内祥晴氏(大河内清輝君のお父さん)を迎えて	20	
	榎本修	
14　いじめ自殺事件の付添人をして	22	
	神谷明文	
15　「子どもの虐待防止ネットワーク・あいち」(略称CAPNA)が設立されました	25	
	岩城正光	
三重弁護士会		
16　付添人活動体験記	28	
	森川仁	
17　私の講演活動	29	
	村田正人	

71号　1996年4月25日

〈合宿報告特集号〉

1995年度夏期合宿、220名が参加して開催　1

1995年度合宿プログラム　2

合宿第1部(調布事件・少年司法改革問題)

1　調布駅前事件(6・20判決等)　3
　　井上啓

2　あるべき少年法制をめぐって　4
　　少年法改正小委員会・
　　制度論チームからの報告と討論

合宿第2部(分科会)

◎〈分科会1〉教育裁判交流

教育裁量論の現状と課題　7
　　工藤展久

2つの教育裁判の報告を通して　8
　　東島浩幸

エホバの証人退学処分事件と退学処分裁判における今後の課題　9
　　峯本耕治

◎〈分科会2〉
　児童虐待ケースにおける家裁の役割
　　(前半) 小林徹也　13
　　(後半) 田中秀一　15

合宿第3部(「いじめ」問題と弁護士の役割)

1　坪井節子弁護士のケース報告　17
　　一場順子

2　遠藤豊吉氏の講演　18
　　深堀寿美

3　遠藤豊吉氏の講演と討論　20
　　相川裕

合宿第4部
(子どもの権利委員会第2回全体委員会)

議事要旨　22
　　編集部

合宿第5部
(子どもの権利条約／委員会審査に向けて)

1　条約と国籍・入管法、少年司法、教育　26
　　萩尾珠美

2　条約と家族法、児童福祉　28
　　稲津高大

◎合宿参加感想記

清水富佐子　29
後藤弘子　30
杉村鎮右　31
森亮二　32
小久保哲郎　34
松田豊治　34
渡邊淳子　35

非行と少年法問題研究会例会(第63回)報告　36

72号　1996年6月1日

第6回全国附添人経験交流集会　1

1　第1分科会　2
　　三浦清

2　第2分科会　3
　　村松敦子

3　第3分科会　4
　　畠山美智子

4　第4分科会　5
　　定者吉人

5　第5分科会　6
　　作井康人

6　第6分科会　7
　　藤田光代

調布駅前事件公判報告　9
　　山下幸夫

第6回公判　9

第7回公判～第9回公判　16

福岡生き埋め事件判決報告　18
　　梶原恒夫

〈各地の活動から〉

いじめ問題シンポジウム報告　23
　　山﨑博

伊藤準君自殺事件中間報告　25
　　三部正歳
　◎添付　新潟県弁護士会会長声明

近畿大学付属女子高等学校 28
体罰死事件
　　　　　　　　　　　　松浦恭子
　◎添付　福岡県弁護士会会長声明
虐待シンポジウムを終えて 30
　　　　　　　　　　　　平湯真人

〈ブロック連絡協議会〉
96・1・27東北ブロック 33
　　　　　　　　　　　　大江修司
96・2・3中国ブロック 33
　　　　　　　　　　　　鵜野一郎
96・3・13近畿ブロック 34
　　　　　　　　　　　　吉川法生
非行と少年法問題研究会 35
例会(第65回)報告

73号　1996年10月1日

〈子どもの日記念無料相談〉
第6回「子どもの日記念 1
全国一斉無料相談」について
　　　　　　　　　　　　森野嘉郎
1996年子どもの日記念 3
相談集計結果(一覧表)
◎各地からの報告
1　子どもの日記念相談報告 4
　　　　　　　　　　　　渡辺和子
2　子どもの人権110番実施報告 5
　　　　　　　　　　　　比護隆證
3　学者も一緒に、相談 5
　　　　　　　　　　　　河合良房
4　第6回子どもの日記念相談 6
　　　　　　　　　　　　中光弘治
〈調布駅前事件〉
控訴審の報告 7
　　　　　　　　　　　　山下幸夫
◎速報 12
東京高裁の96・7・5判決(全文)
日弁連会長声明 16
「北九州矯正センター」構想の 17
問題点
　　　　　　　　　　　　岩崎政孝

〈子どもの人権――各地の活動〉
全国児童虐待防止研究 21
大阪大会の報告
　　　　　　　　　　　　浜田雄久
憲法記念行事 22
「こんな学校つくりたい」報告記
　　　　　　　　　　　　一場順子
「日野市　子どもの人権を守る 25
協議会」の設立について
　　　　　　　　　　　　稲山恵久
テレサ・アルバネス氏講演会を聞いて 26
監視役としてのNGOの役割の重要性
　　　　　　　　　　　　藤本美枝
〈少年事件弁護〉 27
少年事件の取調べに立会う
　　　　　　　　　　　　岩田務
附添人扶助事業の近況 30
　　　　　　　　　　　　城戸浩正

74号　1996年11月1日

〈合宿報告特集号〉
1996年度夏期合宿に329名が参加 1
1996年度合宿プログラム 2
合宿第1日目
あるべき少年法制をめぐる討論会 2
　　　　　　　　　　　　黒岩哲彦
合宿第2日目午前
子どもの権利委員会全体会 6
合宿第2日目午後　公開イベント
◎シンポジウム 11
「子どもの権利の現状を点検する」
◎第1部　問題提起
今井直教授の講演と 12
津田玄児弁護士の報告
　　　　　　　　　　　　栗山博史
◎第2部　現状報告
1　教育分野 14
　　　　　　　　　　　　藤原健補
2　家庭・福祉 15
　　　　　　　　　　　　内田信也
3　少年司法 16
　　　　　　　　　　　　谷英樹

子どもの権利通信(少年法通信)1～104号　目次

93

4　子どもの権利の現状について 　　　　　　　　　　　相原佳子	17
◎参加したNGOの方の感想	
1　子どもの権利条約をすすめる会 　　　　　　　　　　　三宅良子	19
2　アザワイズ・ジャパン 　　　　　　　　　　　相澤恭子	19
3　子どものからだと心・連絡会議 　　　　　　　　　　　小川貴志子	21
4　IPA 　　　　　　　　　　　岩田直子	22
合宿第3日目	
児童福祉問題セミナー 　　　　　　　　　　　岩本朗	23
合宿参加感想記	
「子どもの権利委員会」夏期合宿 参加の感想 　　　　　　　　　　　森尾亮	26
夏季合宿……一瞬子どもに戻って いた僕の感想 　　　　　　　　　　　寺尾絢彦	27

75号　1997年3月15日

第7回全国附添人経験交流集会	1
プログラム	2
分科会の概要	2
1　第1分科会 　　　　　　　　　　　浦田秀徳	4
2　第2分科会 　　　　　　　　　　　内川寛	5
3　第3分科会(1日目) 　　　　　　　　　　　黒岩哲彦	6
第3分科会(2日目) 　　　　　　　　　　　井上洋子	7
4　第4分科会 　　　　　　　　　　　三木憲明	8
5　第5分科会 　　　　　　　　　　　鵜野一郎	9
6　第6分科会 　　　　　　　　　　　守屋宏一	11
7　第7分科会 　　　　　　　　　　　武田貴志	12
8　第8分科会 　　　　　　　　　　　城戸浩正	13
「少年審判に関する意見交換会」 報告 　　　　　　　　　　　山田由起子	15
調布駅前事件公判(10～16回)報告 　　　　　　　　　　　山下幸夫	19
〈子どもの人権救済活動〉	
ダイスケ君の人権救済申立事件 　　　　　　　　　　　山田由起子	26
障害児の高校入学に関する 人権救済申立事件 　　　　　　　　　　　児玉勇二	29
自殺した生徒が受けていたいじめ被 害に関し、鹿児島県弁護士会が発し た中学校への要望書	31
高槻内申書高裁判決について 　　　　　　　　　　　岩佐嘉彦	35
東久留米体罰事件判決と その意義について 　　　　　　　　　　　登坂真人	39
東久留米・「体罰」裁判と私 　　　　　　　　　　　副島加奈子	41
しろまえ学園障害児体罰裁判を めぐって 　　　　　　　　　　　児玉勇二	42
〈各地の活動〉	
九弁連'96いじめシンポジウムに ついて 　　　　　　　　　　　向和典	45
横浜弁護士会第23回県民集会・ いじめ構成劇 　　　　　　　　　　　栗山博史	47

76号　1997年8月25日

本年度活動方針・本部体制確定	1
委員長就任のご挨拶 　　　　　　　　　　　佐々木和郎	2
委員長の任を終えて 　　　　　　　　　　　高階貞男	4
「少年審判に関する意見交換会」 報告(その2) 　　　　　　　　　　　山田由起子	5

〈神戸市の中学生が殺人事件被疑者として
逮捕された件〉

神戸新聞(平9・8・2)への　　　　　　10
渡部吉泰弁護士の寄稿

株式会社新潮社に対する申入書　　　　12
(平9・7・1)神戸弁護士会

日弁連会長声明(平9・7・2)　　　　　13

各弁護士会会長の声明　　　　　　　　13

子どもの権利条約に関する　　　　　　14
日弁連レポートについて
　　　　　　　　　　　　　中川明

〈調布駅前事件／上告審〉

上告趣意書・同補充書の概要　　　　　16

最高裁、9月4日に弁論　　　　　　　25

事件報告　　　　　　　　　　　　　　27
非行事実不存在の認定への道程
　　　　　　　　　　　　　渡部吉泰

福岡における付添人事業の　　　　　　31
飛躍的増加
　　　　　　　　　　　　　深堀寿美

民法改正問題　　　　　　　　　　　　32
プロジェクトチームの活動
　　　　　　　　　　　　　相原佳子

〈子どもの人権救済活動〉

大阪府交野市立中制服廃止校則の　　　33
独断撤回行為人権侵害事件
　　　　　　　　　　　　　瀬戸則夫

東京都立高等学校における　　　　　　36
特殊学校設置に関する意見書
　　　　　　　　　　　　　坪井節子

学校災害対策弁護士・　　　　　　　　38
全国連絡会の発足
　　　　　　　　　　　　　原田敬三

〈寄稿〉　　　　　　　　　　　　　　41
ロンドン子ども事情
　　　　　　　　　　　　　峯本耕治

〈新刊紹介〉　　　　　　　　　　　　44
改訂附添人活動のマニュアル(補訂)
　　　　　　　　　　　　　城戸浩正

77号　1997年11月12日

〈夏期合宿報告特集号〉

合宿第1日目　模擬CRC審査

国連・子どもの権利委員会の動向　　　1
(〜第15会期)
　　　　　　　　　　　　　平野裕二

前半の部を中心に　　　　　　　　　　8
　　　　　　　　　　　　　篠崎純

後半の部を中心に　　　　　　　　　10
　　　　　　　　　　　　　三浦清

国連子どもの権利委員会　　　　　　12
模擬審査を聴いて
　　　　　　　　　　　　　松村和明

◎資料　　　　　　　　　　　　　　14
京都府立桂高等学校における
制服導入問題に関する申入書
　　　　　　　　　　　　京都弁護士会

合宿第2日目

第2回全体委員会(1997年8月29日)　18
報告
　　　　　　　　　　　　　黒岩哲彦

少年審判に関する意見交換会　　　　22
拡大バックアップ委員会
　　　　　　　　　　　　　羽倉佐知子

合宿第3日目午前
学校教育裁判例・人権救済事例研究会

教育裁判事例の報告　　　　　　　　27
　　　　　　　　　　　　　西村依子

人権侵害救済事例　　　　　　　　　29
　　　　　　　　　　　　　渡辺和子

◎資料　　　　　　　　　　　　　　31
子どもの人権救済事件一覧表追補

合宿第3日目午後　児童福祉問題セミナー

西澤哲教授の講演　　　　　　　　　36
「虐待の原因とケアの技術」について
　　　　　　　　　　　　　橋山吉統

児童福祉問題セミナーに参加して　　38
　　　　　　　　　　　　　国分妙子

◎参加者の感想

夏期合宿に参加して　　　　　　　　39
　　　　　　　　　　　　　鈴木牧子

日弁連97年夏期合宿に参加して　　　40
　　　　　　　　　　　　小久保哲郎

「少年審判に関する意見交換」報告	41
少年審判の現状と問題点をめぐって 山田由起子	
「第8回・少年審判に関する意見交換会」報告 黒岩哲彦	51
「第9回・少年審判に関する意見交換会」報告 黒岩哲彦	56
調布事件・最高裁の報告 山下幸夫	60
調布駅南口事件最高裁判決に関する会長声明	63
〈寄稿〉子どもに対する性犯罪処罰立法の動向について 平湯真人	63
1997・9・20東京弁護士会少年司法シンポジウム「子どもたちが本当のことを話すとき」 一場順子	65

78号　1998年2月24日

〈附添人経験交流集会特集号〉

1日目

第1分科会「バーチャル体験少年事件、憲太郎君の場合」について 三浦桂子	1
第2分科会「観護措置と附添人活動」について 松井武	4
第3分科会「いじめと少年事件」について 道あゆみ	6
第4分科会「覚せい剤事件の傾向と対策」について 市瀬義文	8
第5分科会「少年警察最前線」について 正木祐史	9
全体会について 井上洋子	11

特別報告「神戸須磨事件を終えて」 野口善國	11

2日目

第6分科会「要保護生が問題となった少年事件の分析」について 田上剛・佐々木和宏	16
第7分科会「附添人活動の過去・現在・未来」について 東島浩幸	17
第8分科会「あなたにもできる児童虐待救済活動」に参加して 秀嶋ゆかり	19
◎投稿 中学校における調整活動 柴垣明彦	21
◎桂高校生徒の夏期合宿参加感想記 伊藤昌紘	25
平裕子	25
荒井玲子	26
内田圭彦	26
岡田耕輔	27
◎意見交換会 第10回「少年審判に関する意見交換会」報告 山田由起子	28
〈調布事件報告〉公訴取消による刑事手続全面終結の経過とその評価 山下幸夫	31
調布駅南口事件に関与して 荒木伸怡	33

79号　1998年4月20日

〈九州ブロック編集特別号〉

神戸・小学生殺傷事件報告 渡部吉泰	1

「少年審判に関する意見交換会」第2ステージ・第1回の概要　　黒岩哲彦	10
国連子どもの権利委員会日本政府報告予備審査に参加して　　須納瀬学	15
日本子どもの虐待防止研究会第3回学術集会(横浜大会)　　髙橋温	18
熊本家裁における少年事件事例紹介　　原田卓	20
大分県弁護士会活動報告　　清源善二郎	22
福岡県弁護士会活動報告　　深堀寿美	23
福岡での少年法研究会活動　　岩城邦治	27
陪審劇──作文開示請求　　八尋八郎	28
編集後記　　浦田秀徳	30

80号　1998年8月20日

「少年審判に関する意見交換会」第2ステージ(第4回)の概要	1
日弁連のプレゼンテーション少年司法に関する改革提言(その1＝捜査)	2
「少年審判に関する意見交換会」第2ステージ(第5回)の概要	9
日弁連のプレゼンテーションの骨子少年審判に関する意見交換会第2ステージ(第5回)プレゼンテーション骨子	9
「少年審判に関する意見交換会」第2ステージ(第6回)の概要　　◎日弁連の回答	20
5月16日のシンポジウム「少年非行の報道と少年の人権」について　　山岸潤子	26

少年事件情報の公開のあり方主としてマスコミ報道との関係について　　大沼和子	30
子ども虐待に関する福島ケース　　守屋典子・濱涯廣子	36
子ども虐待防止活動・法的実務マニュアルの刊行について　　平湯真人	39
東京江東区の警官襲撃事件の付添人活動について　　山下幸夫	40
冊子「Q&A少年は『凶悪化』しているか?」刊行について　　宮田桂子	44

81号　1998年11月25日

〈夏季合宿特別号〉

子どもの権利委員会夏季合宿・概要	1
全体委員会の概要	2
市民集会「子どもの権利条約と国連審査」について　　平谷優子	4
少年司法改革市民集会報告　　池田耕一郎	5
市民集会「どうなる?少年法」に出席した4時間　　上野芳久	8
市民集会に参加して　　掛巣直子	9
3日目第1分科会いま学校は、いま子ども達は　　治田邦宏	11
3日目第2分科会犯罪被害者支援対策をめぐる動向と「少年犯罪被害者当事者の会」との懇談会報告　　斎藤義房	13
3日目第3分科会児童虐待問題セミナー　　深堀寿美	18
日弁連子どもの権利委員会夏季合宿に参加して　　稲尾吉茂	21

〈少年法改正問題に関する各地での取り組み〉

「少年法を考える緊急市民集会　22
〜今、なぜ少年法改正か」報告
　　　　　　　　　　　　村松敦子

「少年法『改正』問題への取り組み」　24
　　　　　　　　　　　　登坂真人

少年法改正問題の運動のために　26
　　　　　　　　　　　　藤木邦顯

京都からの報告　28
　　　　　　　　　　　　安保千秋

刑事罰対象年齢の引き下げに　29
関する日弁連会長談話

〈付添人活動報告〉　29
ある少年否認事件
最三小決平成10年4月21日ケース
　　　　　　　　　　　　小久保哲郎

〈寄稿〉　33
北海道家庭学校訪問記
　　　　　　　　　　　　藤井美江

「少年警察活動の子どもの人権」　36
《新版》公刊される
　　　　　　　　　　　　斎藤義房

82号　1999年2月26日

〈第9回全国付添人経験交流集会報告特集号〉

第9回全国付添人経験交流集会　1
プログラム（企画概要）

全体会「法制審議会少年法部会　2
報告と運動方針」
　　　　　　　　　　　　佐々木和郎

「これでいいのか？少年法『改正』」　5
（少年法を考える市民集会）」
　　　　　　　　　　　　阿部雅彦

市民集会に参加しての感想　8
　　　　　　　　　　　　伊豆田悦義

11・28市民集会　9
　　　　　　　　　　　　名取弘文

第1分科会　11
「付添人活動とカウンセリング」報告
　　　　　　　　　　　　堀康司

第2分科会　12
「共犯事件における問題点を
付添人活動の基本から考える
〜当番弁護士出動に始まる弁護人・付添人活動」
　　　　　　　　　　　　草場裕之

第3分科会　14
「手続二分論の立場からみた審判
手続〜検察官が入ると審判はこうなる」
報告と感想
　　　　　　　　　　　　設楽あづさ

第4分科会　17
「児童自立支援施設（教護院）の現状
と今後のあるべき方向性について」
報告と感想
　　　　　　　　　　　　稲尾吉茂

第5分科会　19
「児童虐待事例の
ブラインド・アセスメント」報告書
　　　　　　　　　　　　中村誉彦

第9回付添人経験交流集会に　21
参加して
　　　　　　　　　　　　河村佐弥香

付添人経験交流集会に参加して　22
　　　　　　　　　　　　横井健太郎

付添人集会に参加して　24
　　　　　　　　　　　　橋爪信

全体会、市民集会に参加して　25
　　　　　　　　　　　　増田尚

〈法制審議会少年法部会の状況報告〉
法制審議会少年法部会が　26
要綱骨子（案）の採択
　　　　　　　　　　　　黒岩哲彦

〈少年司法改革対策本部の取り組み報告〉
少年司法改革対策本部の取り組み　28
　　　　　　　　　　　　佐々木和郎

〈少年法「改正」問題に関する各地での取り組み〉
少年法改正問題に対する　30
埼玉弁護士会の取り組みについて
　　　　　　　　　　　　設楽あづさ

12月3日少年法改正問題に関する　32
市民集会に83名が参加
　　　　　　　　　　　　藤木邦顯

神戸弁護士会の少年法「改正」　34
問題に関する取り組み
　　　　　　　　　　　　増田正幸

岐阜県弁護士会の少年法「改正」問題に関する取り組み 仲松正人	35
福岡県弁護士会の取り組み 大谷辰雄	37
名古屋弁護士会子どもの権利特別委員会・活動報告 構成劇「僕はやっていない」 〜少年審判に検察官関与は必要か 長谷川桂子	39
〈投稿〉	
4人の被虐待児を同時保護して 荒川葉子	51
息子を救った「少年警察活動と子どもの人権」 嶽本秀子	54

83号　1999年6月1日

少年法「改正」を巡る情勢と少年司法改革対策本部の取り組み 佐々木和郎	1
〈緊急集会　少年法「改正」問題リレートーク〉	
ナルホドナー・危ナイナアー・ナンデ？の2時間 少年法「改正」の討論を聴いて 加古明子	3
「緊急集会　少年法『改正』問題リレートーク」全体について 川村百合	5
〈団藤重光氏講演会「少年法改正問題について」〉	
団藤重光先生の「少年法改正問題」講演会開催と講演録編集を担当して 斎藤義房	7
〈少年法「改正」問題に関する各地での取り組み〉	
連携を強めつつある東京3会での取り組み 古口章	9
少年法改正についての院内勉強会報告 高畑拓	9
「少年法が危ない」3月5日緊急市民集会報告 谷直樹	10
院内集会「少年法改正についての意見交換会」 岩城晴義	12
少年法「改正」問題に関する横浜弁護士会での取り組み 栗山博史	13
千葉県弁護士会の少年法「改正」問題に関する取り組み 鈴木牧子	15
緊急講演会「少年法があぶない――少年法改正問題について」報告 高橋聖明	16
広島弁護士会での少年法「改正」問題に関する取り組みについて 鵜野一郎	17
少年法「改正」問題に関する鳥取県弁護士会の取り組み パターナリズムへの戦い 安田壽朗	19
少年法「改正」反対についての佐賀弁護士会の取組み 東島浩幸	21
少年法改正問題に関する福島県弁護士会での取り組みについて 高野正幸・小池達哉	22
「少年法『改正』問題市民集会」の報告 沼田徹	24
「恥辱の共犯」になってたまるか 札幌弁護士会の少年法「改正」問題に関する取り組み 内田信也	26
〈寄稿〉	
チャイルドライン 相原佳子	27
シェイ・カレン神父との懇談会 津田玄児	32
子ども買春法案の動向と少年法「改正」への影響 平湯真人	34
〈少年法「改正」問題に関する日弁連及び弁護士会の声明・決議・談話（〜99年1月）〉 日弁連／東京弁護士会／第二東京弁護士会／横浜弁護士会／千葉県弁護士会／大阪弁護士会／仙台弁護士会	44

84号　1999年11月27日

〈夏季合宿報告〉

夏季合宿全体委員会の報告　　　　　1
　　　　　　　　　　　　影山秀人

市民講演会　　　　　　　　　　　　5
『非行少年の家族病理』
　　　　　　　　　　　　髙橋温

日弁連子どもの権利委員会夏季合宿　6
第1分科会
「子どもの権利オンブズパーソンの
実践の可能性について」
　　　　　　　　　　　　武田貴志

日弁連子どもの権利委員会夏季合宿　8
第2分科会
「児童虐待問題
～被虐待児等に対するインタビュー手法」
　　　　　　　　　　　　川村百合

〈日弁連・弁護士会の活動〉

「少年法『改正』法案反対！　　　　10
いま、わたしたちは何をすべきか、を
考える市民集会」参加報告
　　　　　　　　　　　　伊藤律子

もがれた翼Part6　　　　　　　　　12
「HELP ME!　誰か愛して！」
　　　　　　　　一場順子・仲江武史

少年審判に参審を　　　　　　　　　13
導入することについて
模擬少年参審の試み
　　　　　　　　　　　　井上洋子

〈寄稿〉

被疑者(行為当時少年)の　　　　　15
顔写真掲載・実名報道による
損害賠償請求事件について
　　　　　　　　　　　　小久保哲郎

アメリカ少年司法、『厳罰化』の影で　18
　　　　　　　　　　　　山田由起子

未成年者の親権者に対する訴訟・　　20
審判申立権の拡充について
　　　　　　　　　　　　平湯真人

〈速報〉

少年冤罪草加事件　最高裁の　　　　23
口頭弁論開始決定のもつ意味
　　　　　　　　　　　　清水洋

少年法「改正」問題に関する弁護士　35
会の声明・決議(99年2月～4月)

85号　2000年3月21日

〈第10回全国付添人経験交流集会特集〉

第10回全国付添人経験交流集会　　　1
プログラム

シンポジウム　　　　　　　　　　　2
「混迷する教師と子どもたちの関係
を探る～学校に子どもの権利条約を根付
かせるために」報告
　　　　　　　　　　　　東隆司

全体会　　　　　　　　　　　　　　3
「子どもをめぐる諸立法の動き」報告
　　　　　　　　　　　　関守麻紀子

第1分科会　　　　　　　　　　　　5
「学校生活と子どもの権利保障」を
聞いて
　　　　　　　　　　　　坂庭正将

第2分科会　　　　　　　　　　　　7
「いじめと少年事件
──付添人として何ができるか。これまでの
経験交流集会での議論のまとめ」
　　　　　　　　　　　　秀嶋ゆかり

第3分科会　　　　　　　　　　　　8
「付添人が被害者のためにできること」
　　　　　　　　　　　　一場順子

第4分科会　　　　　　　　　　　　10
「虐待死の刑事弁護から
学んだこと」報告
　　　　　　　　　　　　小林正憲

第5分科会　　　　　　　　　　　　11
「被虐待歴のある非行少年に
ついての付添人活動」報告
　　　　　　　　　　　　西村英一郎

第6分科会　　　　　　　　　　　　13
「扶助付添人活動の拡充について
──国選付添人制度を目指して」
　　　　　　　　　　　　迫田学

〈フレッコイ氏講演報告〉　　　　　14
子どもの参加と
子どもオンブズマン制度
　　　　　　　　　　　　小笠原彩子

〈少年法「改正」問題に関する日弁連の取組み〉

シンポジウム　　　　　　　　　　　16
「少年法『改正』法案のここが問題
──少年事件の実例をふまえて」
　　　　　　　　　　　　松井武

一斉国会議員要請行動報告1　18
　　　　　　　　　　　　草場裕之

一斉国会議員要請行動報告2　20
「国会議員要請に参加して」
　　　　　　　　　　　　中島和典

〈寄稿〉
少年事件手続における被害者支援　20
少年法の理念と被害者の権利保障の
調和をめざして
　　　　　　　　　　　　山田由起子

〈速報〉
恩寵園事件報告　24
　　　　　　　　　　　　渡邊淳子

少年冤罪草加事件　25
14年ぶりに事実上の"再審"を
実現した最高裁判決
　　　　　　　　　　　　清水洋

少年法「改正」問題に関する弁護士　40
会等の声明・決議(99年5月～6月)

86号　2000年10月24日

〈夏季合宿特集〉
夏季合宿プログラム　1

全体委員会1　2
少年法「改正」問題関連、
年齢問題検討チーム報告、
新潮45事件報告等
　　　　　　　　　　　　髙橋温

全体委員会2　5
修復的司法と被害者問題
　　　　　　　　　　　　草場裕之

全体委員会3　6
教育改革問題
　　　　　　　　　　　　東島浩幸

第1分科会　8
「児童福祉施設における人権侵害」
　　　　　　　　　　　　佐藤光子

第2分科会　9
「非行原因を探る」の感想
　　　　　　　　　　　　三木憲明

「子どもたちと弁護士・市民が　11
語り合う集い」を終えて
　　　　　　　　　　　　安倍芳絵・林大介

◎感想　13
　那須香沙梨／柳田正芳／佐々木はな
　え／大井和

全体委員会4　15
「子どもの人権をめぐる裁判の状況」
子どもの人権救済小委員会
　　　　　　　　　　　　栗山博史

全体委員会5　17
ノルウェー調査団報告、家裁・参審
制問題、公的資金による付添人問
題、刑事弁護ガイドライン問題等
　　　　　　　　　　　　須納瀬学

子どもの権利委員会夏季合宿に　18
参加して
　　　　　　　　　　　　守屋克彦

子どもの権利委員会夏季合宿に　18
参加して
　　　　　　　　　　　　前野育三

子どもの権利委員会夏季合宿に　19
参加して
　　　　　　　　　　　　野田正人

〈少年法「改正」問題への取組み〉
少年法「改正」の情勢と　20
日弁連の取組み
　　　　　　　　　　　　斎藤義房

9・26シンポジウム　24
「刑罰で少年犯罪を防止できるのか
──いま何が求められているのか」
　　　　　　　　　　　　平湯真人

87号　2001年3月19日

〈第11回付添人経験交流集会報告〉

全体会　1
少年身柄事件全件付添人制度の
実施に向けて
　　　　　　　　　　　　岩崎政孝

全体会　2
第11回全国付添人経験交流集会
全体会報告
　　　　　　　　　　　　三木憲明

第1分科会　5
福岡県弁護士会の画期的な取り組み
「身柄事件全件付添制度」に参加して
　　　　　　　　　　　　伊豆田悦義

第2分科会 沖縄における児童虐待への 取り組みについて 　　　　　　　　　　加藤裕	6
第3分科会 「付添人としてのアフターケア」 （大阪弁護士会担当） 　　　　　　　　　秀島ゆかり	8
第4分科会 ロールプレイで学ぼう少年事件協議 修復的司法のひとつの試み （日弁連子どもの権利委有志） 　　　　　　　　　　一場順子	9

〈各地の取り組みの報告〉

大阪弁護士会による少年法改正に 対する意見書の取り組み 重大事件の検討による問題点の指摘 　　　　　　　　　　小島幸保	12
『少年身柄事件全件付添人制度が 始動！』 　　　　　　　　　　橋山吉統	14
当番付添人出動 　　　　　　　　　　八尋八郎	17
少年審判規則の改正 　　　　　　　　　　須納瀬学	21
少年法「改正」問題への取り組みを 振り返って 　　　　　　　　　　斎藤義房	22
少年法「改正」成立に関する 弁護士会の声明	35

88号　2001年10月23日

〈夏季合宿特集〉

2001年度日弁連子どもの権利 委員会夏季合宿プログラム	1
児童虐待防止法その後 元家裁関係者を迎えて 　　　　　　　　　　細沼早希子	2
「第2回子どもの商業的性的搾取に 反対する世界会議」について 　　　　　　　　　　木田秋津	4
「人権大会シンポジウム第3分科会 『少年犯罪の背景・要因と教育改 革を考える──とどいていますか、子ども の声が』」の企画・提言に関する意 見交換 　　　　　　　　　　影山秀人	5

子どもの権利委員会全体委員会 　　　　　　　　　　村山裕	6
「少年事件協議の実現に向けて」 （少年司法対策小委員会）の報告 　　　　　　　　　　守屋典子	7
国連子どもの権利委員会勧告に 照らした子どもの権利の現状に 関する学習会 　　　　　　　　　　栗山博史	10
「国連子どもの権利委員会勧告に 照らした子どもの権利の現状に 関する学習会」に参加して 　　　　　　　　　　久保友仁	11
検察官関与・原則逆送等の 運用状況と問題点 公的付添人制度実現に向けて 　　　　　　　　　　三木憲明	12
子どもの権利委員会夏季合宿に 参加して 　　　　　　　　　　安西敦	15

〈各地報告〉

少年の声を聞いて 人権大会シンポアンケート収集に あたって 　　　　　　　　　　藤田光代	16
交野女子少年院と 奈良少年刑務所の施設見学 　　　　　　　　　　桐井弘司	18

89号　2002年4月15日

〈第12回全国付添人経験交流集会報告〉

第12回全国付添人経験交流集会 プログラム	1
全体会 第12回全国付添人経験交流集会 全体会報告 　　　　　　　　　　山岡敏明	2
全体会 「虐待と付添人活動」報告 　　　　　　　　　　安保千秋	3
第1分科会 「付添人活動と学校」に参加して 　　　　　　　　　　東島浩幸	6

第2分科会　7
「原則逆送事件と付添人活動」報告
　　　　　　　　　　　　　山崎健一

第3分科会　9
「福岡県における全件付添人制度の
具体的状況について」
目前に迫った付添人国公選制度
　　　　　　　　　　　　　池田耕一郎

第4分科会　10
「親の権利主張への対応」報告
　　　　　　　　　　　　　佐木さくら

第5分科会　12
「少年事件と被害者問題」の報告
　　　　　　　　　　　　　守屋典子

付添人経験交流集会に参加して　14
　　　　　　　　　　　　　山崎俊之

〈事件報告〉　15
調布事件における刑事補償決定
　　　　　　　　　　　　　伊藤俊克

90号　2002年11月15日

〈夏季合宿特集〉

2002年度日弁連子どもの権利　1
委員会夏季合宿プログラム

子どもの権利条約第2回政府報告　2
書に対する日弁連レポートについて
　　　　　　　　　　　　　須納瀬学

教育改革小委員会企画　3
「いま、なぜ教育基本法の
『改正』なのか？」報告
　　　　　　　　　　　　　宮田百枝

「親権──主として福祉、教育の視点から」　5
報告
　　　　　　　　　　　　　中田憲悟

『改正』少年法の運用状況について　7
重大事件の事情聴取を踏まえて
　　　　　　　　　　　　　花井増實

2002年夏季合宿全体委員会報告　10
　　　　　　　　　　　　　守屋典子

2002年子どもの権利委員会　11
日弁連夏季合宿（2日目）
　　　　　　　　　　　　　桑原奈緒

日弁連子どもの権利委員会　14
夏季合宿に参加して
　　　　　　　　　　　　　田村雅樹

〈各地活動報告〉
子どもの人権救済　15
懲戒手続において、生徒に対する教育的
配慮及び適正な手続を尽くすことの勧告
　　　　　　　　　　　　　淺田憲三

「川越少年刑務所見学記」　17
　　　　　　　　　　　　　小宮玲子

〈投稿〉　19
「改正少年法施行後
1年半を経ての雑感」
　　　　　　　　　　　　　三木憲明

91号　2003年3月15日

〈第13回全国付添人経験交流集会報告〉

第13回全国付添人経験交流集会　1
プログラム

全体会　2
「被害者に聴く」の報告
　　　　　　　　　　　　　平尾潔

全体会　4
「国費による付添人制度の議論の
現状と課題」の報告
　　　　　　　　　　　　　吉原美由希

第1分科会　5
「虐待防止法改正案の検討」
　　　　　　　　　　　　　髙橋温

第2分科会　7
「少年審判の事実認定」
　　　　　　　　　　　　　金森将也

第3分科会　9
「改正少年法（原則逆送制度など）の
現状と課題」
　　　　　　　　　　　　　井上泰

第4分科会　12
「虐待を受けた少年と付添人活動」
　　　　　　　　　　　　　杉浦宇子

第5分科会　15
「初歩から学ぼう少年事件付添人の
実務」報告（プロジェクトX風に）
　　　　　　　　　　　　　小笠原基也

第6分科会　16
「国選付添人の実現に向けて」報告
　　　　　　　　　　　　　掛川亜季

付添人経験交流集会に参加して　18
　　　　　　　　　　　　　姉帯幸子

付添人経験交流集会に参加して	19
田邊和喜	

〈投稿〉

遂に完成！日本初！ 目で見てわかる修復的司法 ビデオ「対話の会の進め方」 中溝明子	20
教育の多様性を実現しよう 定者吉人	22
「みんなでコール！ 教育基本法改悪反対！」 松浦恭子	25

92号　2003年11月15日

〈夏季合宿特集〉

2003年度日弁連子どもの権利 委員会夏季合宿プログラム	1
夏季合宿「子どもの権利委員会」 全体委員会に参加して 東島浩幸	2
児童虐待に関する最近の課題 髙橋温	3
子どもの心の教育 甲斐みなみ	5
学校における子どもの人権救済と 弁護士の役割について 猪原健	7
「改正」少年法の運用状況について 重大事件の事情聴取を踏まえて（その2） 山本香織	8
2003年度子どもの権利委員会 夏季合宿「懇親会も含め、 全体に参加して」 三澤麻衣子	11

〈各地活動報告〉

「少年事件サポート制度」スタート 中村礼奈	12

〈投稿〉

在日コリアンの子どもたちの おかれている状況について 藤田裕・川口彩子	14

93号　2004年4月15日

〈第14回全国付添人経験交流集会報告〉

第14回全国付添人経験交流集会 プログラム	1
全体会 「児童自立支援施設の現状と課題 ──愛知学園事件を契機に」 内田信也	2
第1分科会 「補導委託の積極的運用を目指して」 水田一彦	5
第2分科会 「少年の内省について考える」の ご報告 上将倫	6
第3分科会 「否認少年事件における付添人活動 ──事例を通した改正少年法下の 家裁実務の批判的検討」 河住志保	8
第4分科会 「全件付添人制度へ──現状とその 分析、実現に向けての課題」報告 世良洋子	10
第5分科会 「子の引渡しの法律と実務」報告 昇慶一	11
第6分科会 「保護処分・刑事処分における 処遇の実態」について 安西敦	13
第7分科会 「付添人活動における 少年の保護と報道」 佐木さくら	14
第8分科会 「小規模単位会における 付添人活動の実情」 岡室聖子	16
第9分科会 「児童福祉法28条の却下・ 取下事例の研究」 飯島奈津子	18
第14回付添人経験交流集会 白浜紀行文 阿部晶子	19

94号　2004年11月15日

委員長雑感 ……1
　　　瀬戸則夫

〈夏季合宿特集〉

2004年度日弁連子どもの権利 ……4
委員会夏季合宿プログラム

2004年度子どもの権利委員会 ……4
夏季合宿全体委員会について
　　　米澤一喜

「児童虐待と弁護士の関わり」に ……6
参加して
　　　関守麻紀子

子どもの権利条約批准10周年 ……8
記念シンポジウム
「進行する子どもの選別、監視、
切り捨てにどう立ち向かうか
──教育基本法『改正』と青少年育成施策
大綱を考える」
　　　迫田登紀子

「『改正』少年法の5年後見直しに ……10
向けて」についてのご報告
　　　上将倫

日弁連子どもの権利委員会 ……12
夏季合宿に参加して
　　　吉田康紀

中国・四国代表(?)からの ……13
夏季合宿報告
　　　中村晋輔

日弁連子どもの権利委員会 ……14
夏季合宿に参加して
　　　松山悦子

〈各地活動報告〉 ……16
少年事件サポート制度
1年を振り返って
　　　中溝明子

〈投稿〉 ……18
カリヨン子どもセンターのこれまで
　　　一場順子

95号　2005年4月15日

〈第15回付添人経験交流集会報告〉

第15回全国付添人経験交流集会 ……1
プログラム

第15回全国付添人経験交流集会 ……2
全体会に出席して
　　　古賀大樹

第1分科会 ……4
「触法少年事件の審判手続
──現状の問題点とあるべき姿」の報告
　　　川村百合

第2分科会 ……7
「少年否認事件における弁護活動」
の報告
　　　角田雄彦

第3分科会 ……8
「少年被告人に対する刑事手続」の
報告
　　　戸張雄哉

第4分科会 ……10
「改正」少年法の5年後見直しに
向けて
　　　古島礼子

第5分科会 ……11
「立入調査権の実際と課題」の報告
　　　東玲子

第6分科会 ……13
「いじめ裁判をめぐる問題点」
　　　大澤理尋

第7分科会 ……14
「付添人プラクティス！あなたはどう
活動しますか」に参加して
　　　五嶋俊信

第15回全国付添人経験交流集会に ……17
参加して
　　　水内基成

新潟での付添人経験交流集会に ……18
参加して
　　　渡邊穣

96号　2005年11月28日

〈夏季合宿特集〉

2005年度日弁連子どもの権利 ……1
委員会夏季合宿プログラム

「全体委員会・一般案件、 ……2
子どもの権利マニュアル改訂版
原稿の検討」について
　　　髙橋温

石狩事件について	3
大川哲也	
寝屋川事件ケース報告	4
雨宮沙耶花	
付添人——対応能力を検討する——各地報告と意見交換	5
羽倉佐知子	
2005年度日弁連子どもの権利委員会夏季合宿について	6
永嶋実	
2005年度日弁連子どもの権利委員会夏季合宿について	6
山本久子	
日弁連「子どもの権利委員会」の合宿(2005年8月)感想記　子どもに関する4つ目の国際文書「犯罪における子どもの被害者及び証人に関するガイドライン」の我が国初の紹介などを中心にして	8
吉峯康博	
2005年度夏季合宿「触法少年をめぐる児童相談所職員の活動——弁護士との連携の可能性」報告	19
佐々木和宏	
少年法「改正」案と補導法制の問題点を考えるシンポ	21
有吉美知子	
改正少年法5年後見直し意見書(案)議論について	23
黛千恵子	
全国に広がる「学校と警察との間の情報連携制度」について	25
山﨑健一	
こどもの日記念行事	27
戸越照吉	
ハンカチ給食事件を考える	29
安田壽朗	

97号　2006年6月1日

〈第16回全国付添人経験交流集会報告〉

第16回全国付添人経験交流集会プログラム	1
全体会の報告	2
安西敦	
第1分科会「面接交渉のあり方について——子どもの福祉の視点から」の報告	4
川﨑政弘	
第2分科会「逆送後の刑事裁判における課題とその克服に向けて」	6
山﨑健一	
第3分科会「全件付添人制度の実証的研究」	7
佐川民	
第4分科会「環境調整における弁護士の取組(カリヨン子どもセンターを中心に)」の報告	9
髙井重憲	
第5分科会「児童相談所の保護手続とデュープロセス——触法事件の付添人活動拡充をめざして」	11
内田徳子	
第6分科会「発達障害と非行」	12
佐藤俊	
第7分科会「非行事実に争いがある少年審判における証拠調べの範囲と方法」	14
角田雄彦	
刺激を受けた付添人経験交流集会	16
田中美和子	
新潟県弁護士会の当番付添人制度	17
齋藤裕	
当番付添人制度の導入について　長野からの報告	18
有吉美知子	

98号　2006年12月12日

〈夏季合宿特別報告〉

2006年度日弁連子どもの権利委員会夏季合宿プログラム	1
全体委員会・一般案件について	2
横江崇	
全体委員会・重要案件について	3
川村百合	
児童虐待　心理的虐待とネグレクトについて	4
篠崎純	

夏季合宿について	6	第3分科会	8
	酒井英司	「少年審判における事実認定のあり方～職権主義に対する規律の観点から」に参加して	
夏季合宿に参加して	7		関根健児
	河本泰政	第4分科会	10
夏季合宿雑感	8	「逆送事件をめぐる諸問題～55条移送を目指す立証活動のあり方を中心に」の報告	
	阿部定治		長森亨
教育基本法「改正」問題勉強会	9	第5分科会	12
	力久尚子	「少年事件クリニック～付添人活動で疑問・悩みを持つあなたへ」の報告	
「子どもの人権救済システムの意義と限界」の報告	11		黒澤和弘
	田中浩介	第6分科会	14
少年法「改正」法案問題点の解消を求める市民集会PartV	13	「付添人研修——付添人活動の更なる拡充を目指して」	
	相川裕		天久泰
番外編「子どもたちとの座談会」～少年法『改正』問題を中心に」	15	全国付添人経験交流集会について	16
	竹内景子		人見光一
〈各地の活動報告(ケース報告)〉		東京弁護士会・付添人活動支援チーム報告	17
冤罪事件における少年審判の問題点	19		馬場望
	前川直輝	暁学園事件最高裁判決出る!	18
中津川事件報告	20		高橋直紹
	仲松正人	児童相談所から警察署への一時保護委託に基づき警察署長が少年を身柄拘束したことが違法とされた事例について	20
〈投稿〉	22		
少年付添扶助制度の今後と国選付添人への展望について 当番付添人制度を早急に全国実施し、そして、国選付添人制度拡充へ			横江崇
	須納瀬学		

99号 2007年6月1日		**100号** 2008年3月1日	
〈第17回全国付添人経験交流集会報告〉		〈2007年度日弁連子どもの権利委員会夏季合宿報告〉	
第17回全国付添人経験交流集会プログラム	1	プログラム	1
全体会報告	2	100号に寄せて	2
	元永佐緒里		黒岩哲彦
第1分科会	4	新時代の熱気を運んだ通信	4
「非典型的な虐待事例に対する法的介入」の報告			城戸浩正
	高橋陽一	子どもの権利委員会夏季合宿全体委員会(一般案件)	5
第2分科会	6		竹内景子
「保護観察制度をより理解するために」の報告		子どもの権利委員会夏季合宿全体委員会(重要案件)	6
	井上一隆		金子祐子

子どもの権利委員会夏季合宿に参加して	8
	植松丈樹
子どもの権利委員会夏季合宿に参加して	9
	森保道
2007年夏季合宿「現代の児童福祉制度と親権について」報告	11
	粕田陽子
付添人の役割と社会的意義について	13
	野口容子
「いじめ」の解決に向けて弁護士に何ができるか	14
	毛利倫
てんぽ開所から半年が経って	16
	髙橋温
こんにちは！子どもセンター「パオ」です	18
	高橋直紹

101号　2008年12月1日

〈第18回全国付添人経験交流集会報告〉

第18回全国付添人経験交流集会プログラム	1
全体会報告	2
「第18回全国付添人経験交流集会全体会に参加して」	
	宮本賢一郎
第1分科会	5
「裁判員制度実施に伴う少年逆送事件の審理の問題点」報告	
	馬場望
第2分科会（大阪弁護士会企画）報告	7
「児童養護施設における施設内虐待の実態と今後の子どもたちの人権を守るために」	
	安達友基子
第3分科会	9
「少年再審の確立をめざして」	
	藤木秀行
第4分科会	11
「少年事件弁護研修のメソッド――少年事件弁護の量的拡大に伴う活動の質を確保するために」	
	関根健児

第5分科会	13
「試験観察の活用について――各地の付添人のケースの分析から明らかになること」の報告	
	松井創
第6分科会	15
「触法事件における付添人活動について――児童福祉との関係を中心にして」の報告	
	古屋時洋
はじめての付添人経験交流集会	17
	西田祥子
初めての付添人経験交流集会	18
	八十祐治

〈各地の活動報告〉

当番付添人制度の導入について	20
	京野垂日
当番付添人制度の実施までの経緯	22
	野々木靖人

102号　2009年2月13日

〈2008年度日弁連子どもの権利委員会夏季合宿報告〉

2008年度日弁連子どもの権利委員会夏季合宿プログラム	1
全体委員会報告	2
①一般案件	
	竹内景子
全体委員会報告	4
②重要案件の検討	
	茂手木克好
第1企画報告	6
「いじめの現状と弁護士の役割を考える分科会」	
	花島伸行
第2企画報告	8
「触法事件における付添人活動について　Par2」	
	髙橋温
第3企画報告	10
「少年逆送事件裁判員裁判に備えて――問題点と対応策を考える」	
	村中貴之

子どもの権利委員会夏季合宿に参加して	12
朝倉靖	
2008年度子どもの権利委員会夏季合宿懇親会報告	13
伊藤佑紀	

〈活動報告〉

ケース報告「ぐ犯少年の付添人活動」	15
佐川民	
逆送事件の裁判員裁判における十分な弁護活動の実現を!	17
武藤暁	

103号　2009年8月20日

〈第19回全国付添人経験交流集会報告〉

第19回全国付添人経験交流集会プログラム	1
全体会報告	2
平田直継	
第1分科会「児童虐待はいま」	5
吉川真由美	
第2分科会「格闘!地方における重大少年事件」	7
後藤美海子	
第3分科会「少年事件の裁判員裁判にどう取り組むか」	9
木下裕一	
第4分科会「少年審判と被害者〜審判傍聴制度の対応を中心に」を終えて	11
金子祐子	
第5分科会「初心者のあなたへ〜実践・少年付添人研究会」報告	13
幾島彩織	
第6分科会「弁護士は、少年院と社会をつなぐ架け橋となれるか?──保護観察と社会復帰を考える」	15
勝田亮	
第19回全国付添人経験交流集会(旭川)の感想	16
樋川和広	

初めての付添人経験交流集会	18
前田千尋	

〈各地の活動報告〉

少年法6条の3の付添人活動	19
菅井紀子	
旭川における付添人活動報告	21
須藤良太	

104号　2009年12月11日

〈2009年度日弁連子どもの権利委員会夏季合宿報告〉

プログラム	1
全体委員会報告 ①重要案件	2
須山通治	
全体委員会報告 ②一般案件・各地報告	4
宮島繁成	
第1企画 児童虐待と親権のあり方	6
勝田亮	
第2企画 子どもの権利条例の検討	7
岩元裕介	
第3企画 裁判員裁判での処遇論の立証を考える	9
村中貴之	
夏季合宿感想	11
岡田壮平	
最近の子どもの権利について思うこと	13
野口善國	

〈各地の活動報告〉

シンポジウム「子どもと大人の討論会!!『ケータイくらい自由に使わせてくれたっていいじゃん!?』〜子どもが安全に携帯電話を使えるために」報告と「こどもページ」開設について	16
松浦ひとみ	
岡山の自立援助ホームと子どものためのシェルター開設について	17
河本泰政	

あとがき

　日弁連は、1975年、少年法「改正」に反対し、その実現を阻止するための基本的対策を樹立し、その具体化を図ること等を目的として、少年法「改正」対策本部を設置しました。同対策本部は、1992年11月、上記の目的に加えて、さらに少年の人権保障を確立するための諸活動を行う等のため、子どもの権利委員会に発展改組されたのです。そして、対策本部は、1976年1月から機関誌として「少年法通信」を発行し、子どもの権利委員会に改組された後は、「子どもの権利通信」として現在まで34年以上にわたり、発行し続けてまいりました。

　その内容は、それぞれの時代における子どもの権利をめぐる最先端の戦いを見事に反映しています。この30年余の間にも、少年事件、いじめや体罰、校則や退学、学校事故、児童虐待、貧困そして人身売買や児童買春等々、子どもがその生きる権利や成長し発達する権利等を大切にされない事例が後を絶ちませんでした。子どもが大切にされ、大人が子どもの意見に耳を傾ける社会は、きっとすべての人にとって、居心地の良い社会のはずです。私たちは、それを信じて、ともすれば聴きもらしがちな子どもたちの声に耳をすまし、子どもたちと向き合い、その権利を守る活動を続けて来ました。

　「通信」は、そうした私たちの活動の凝縮です。古い「通信」を読み返してみると、懐かしい先輩方の智恵や工夫や情熱が大きな感動とともに伝わってきます。この「通信」が、このたび合本され、CD-Rの形で出版されることになりました。本書を通じて、私たちは、子どもの権利擁護の活動の到達点を改めて確認するとともに、今後更に新たな前進をして行くための大きな力を得るものと確信しております。

　本書の出版に当たっては、日弁連人権一課の鈴木千波さんと現代人文社の木村暢恵さんに多大な御助力をいただきました。お二人の力がなければ、本書の出版はおぼつかなく、この場をお借りして心より感謝申し上げます。

　最後に、本書が、今後の子どもの権利擁護活動の一助となりますことを祈念いたします。

2010年8月

日本弁護士連合会　子どもの権利委員会
委員長　影山秀人

子どもの権利通信合本 CD-ROM 版

2010年11月18日　第1版第1刷

編　者：日本弁護士連合会子どもの権利委員会
発行人：成澤壽信
編集人：木村暢恵
発行所：株式会社 現代人文社
　　　　〒160-0004 東京都新宿区四谷2-10 八ッ橋ビル7階
　　　　TEL：03-5379-0307（代表）　FAX：03-5379-5388
　　　　E-mail：henshu@genjin.jp（代表）　hanbai@genjin.jp（販売）
　　　　URL：http://www.genjin.jp
　　　　振替：00130-3-52366

装　丁：加藤英一郎
発売所：株式会社 大学図書
印刷所：株式会社 ミツワ

検印省略　Printed in Japan
ISBN978-4-87798-467-0 C2032

©2010　日本弁護士連合会子どもの権利委員会

※本書の一部あるいは全部を無断で複写・転載・転訳載などをすること、または磁気媒体等に入力することは、法律で認められた場合を除き、著作者および出版社の権利の侵害となりますので、これらの行為をする場合には、あらかじめ小社または編著者宛に承諾を求めてください。
※CD-ROMに掲載しているPDFファイルをインターネット上で公開したり、不正にコピーすることは法律によって禁じられています。
※乱丁・落丁本は小社販売部までお送り下さい。送料小社負担でお取替えいたします。

【館外貸出可能】
※本書に付属のCD-ROMは、図書館およびそれに準ずる施設において、館外へ貸出しを行うことができます。